First published in 2015 by Clarity Media Ltd
Copyright © Clarity Media Ltd

Illustrations and layout by Amy Smith

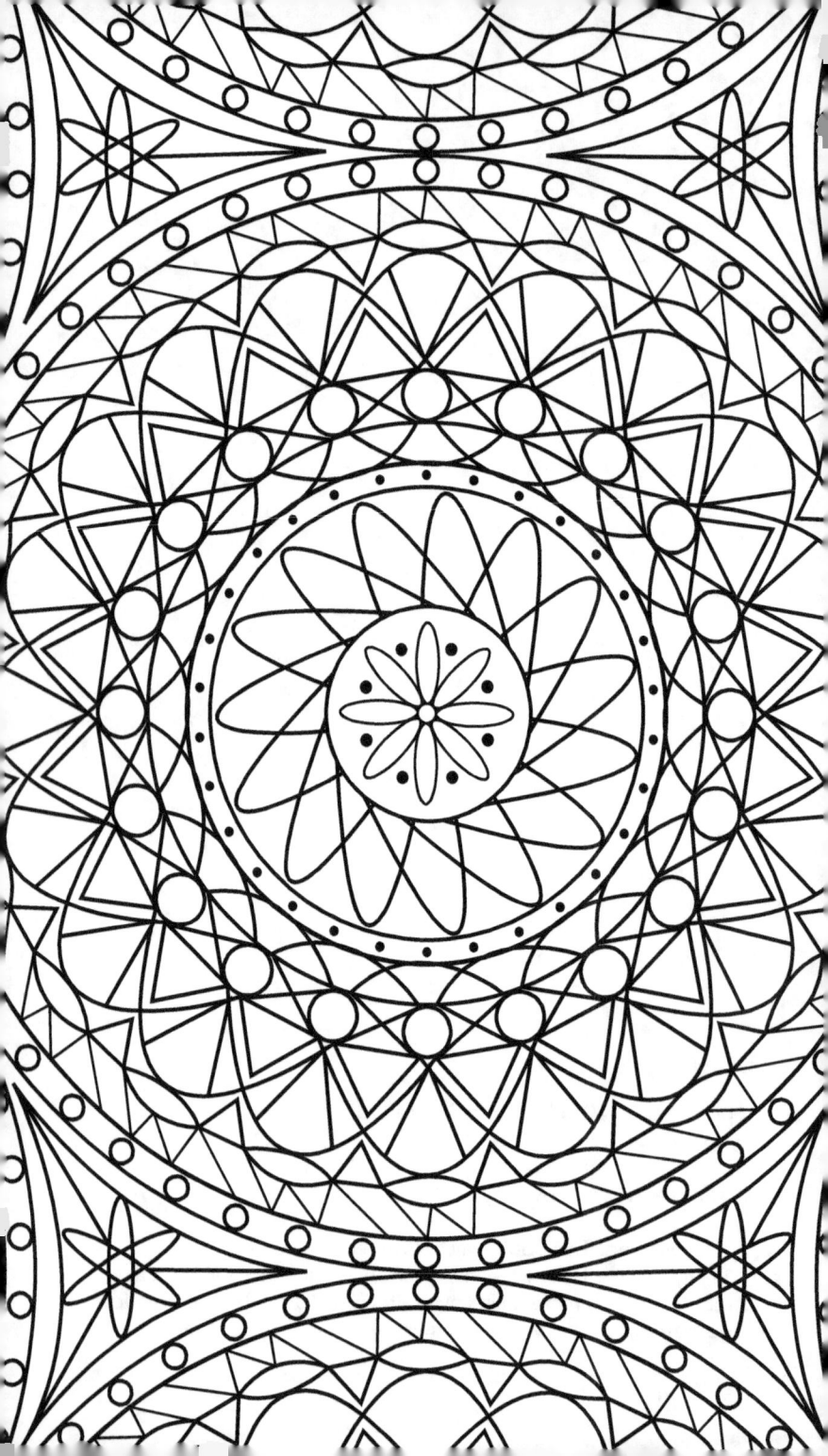

DECEMBER/JANUARY

M
28th

T
29th

W
30th

T
31st

F
1st   New Year's Day Bank holiday (UK & US)

S
2nd

S
3rd

JANUARY

M
4th

T
5th

W
6th

T
7th

F
8th

S
9th

S
10th

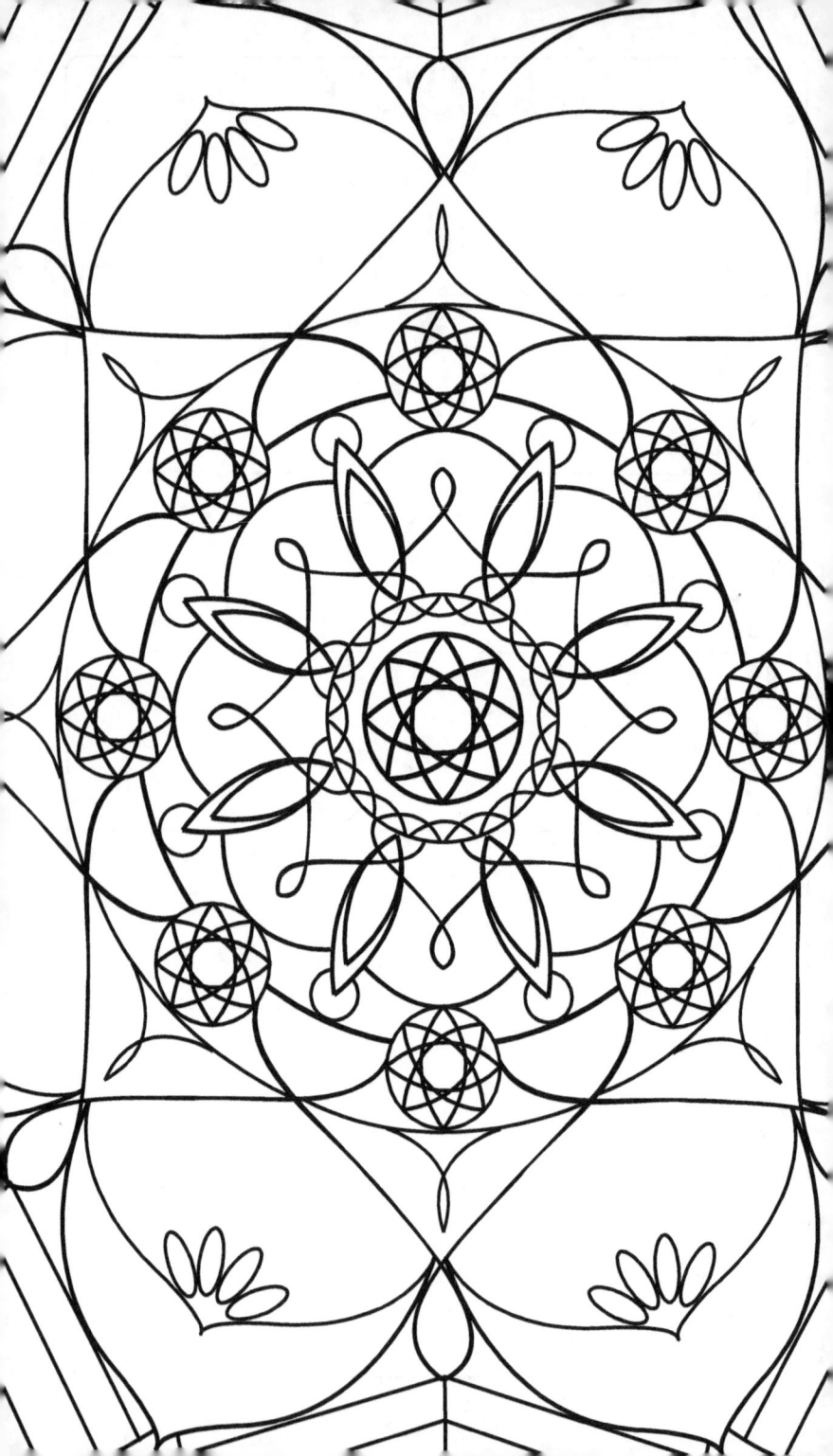

JANUARY

M
11th

T
12th

W
13th

T
14th

F
15th

S
16th

S
17th

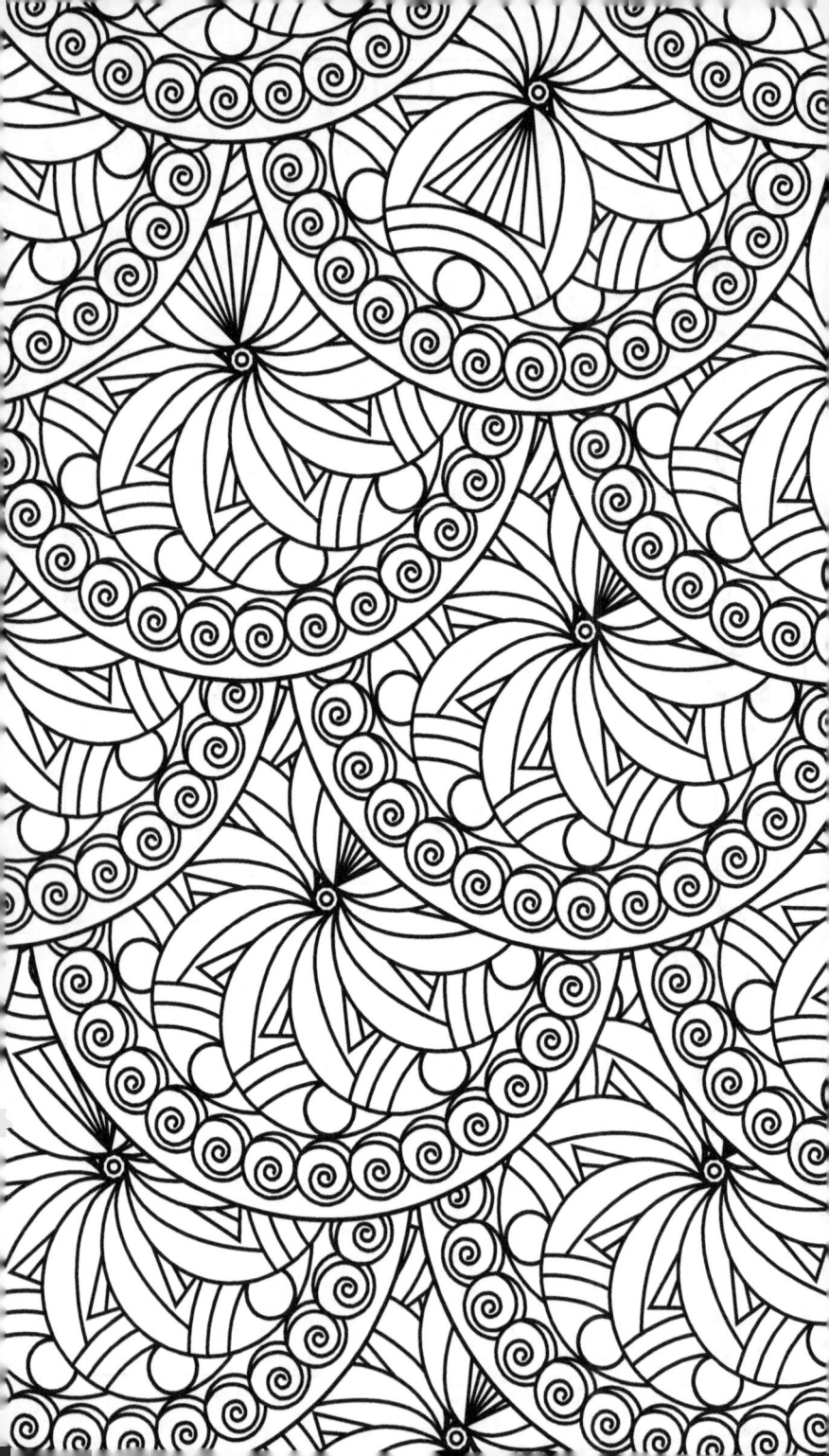

JANUARY

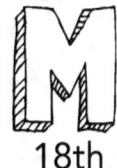
18th   Martin Luther King Day (US)

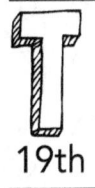
19th

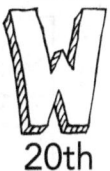
20th

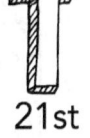
21st

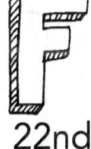
22nd

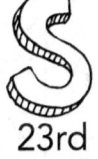
23rd

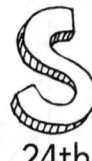
24th

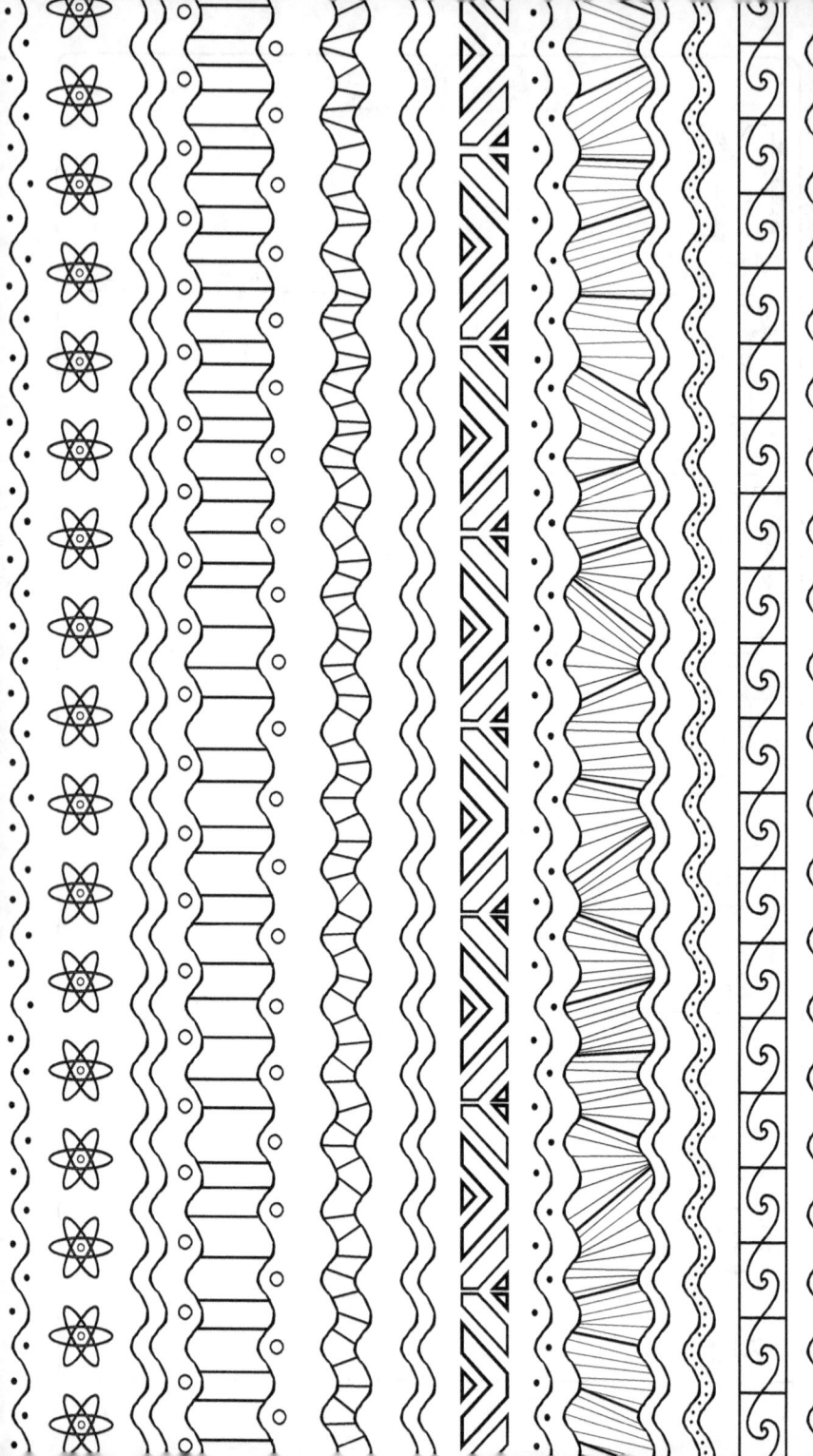

JANUARY

M
25th
Burns' Night

T
26th

W
27th

T
28th

F
29th

S
30th

S
31st

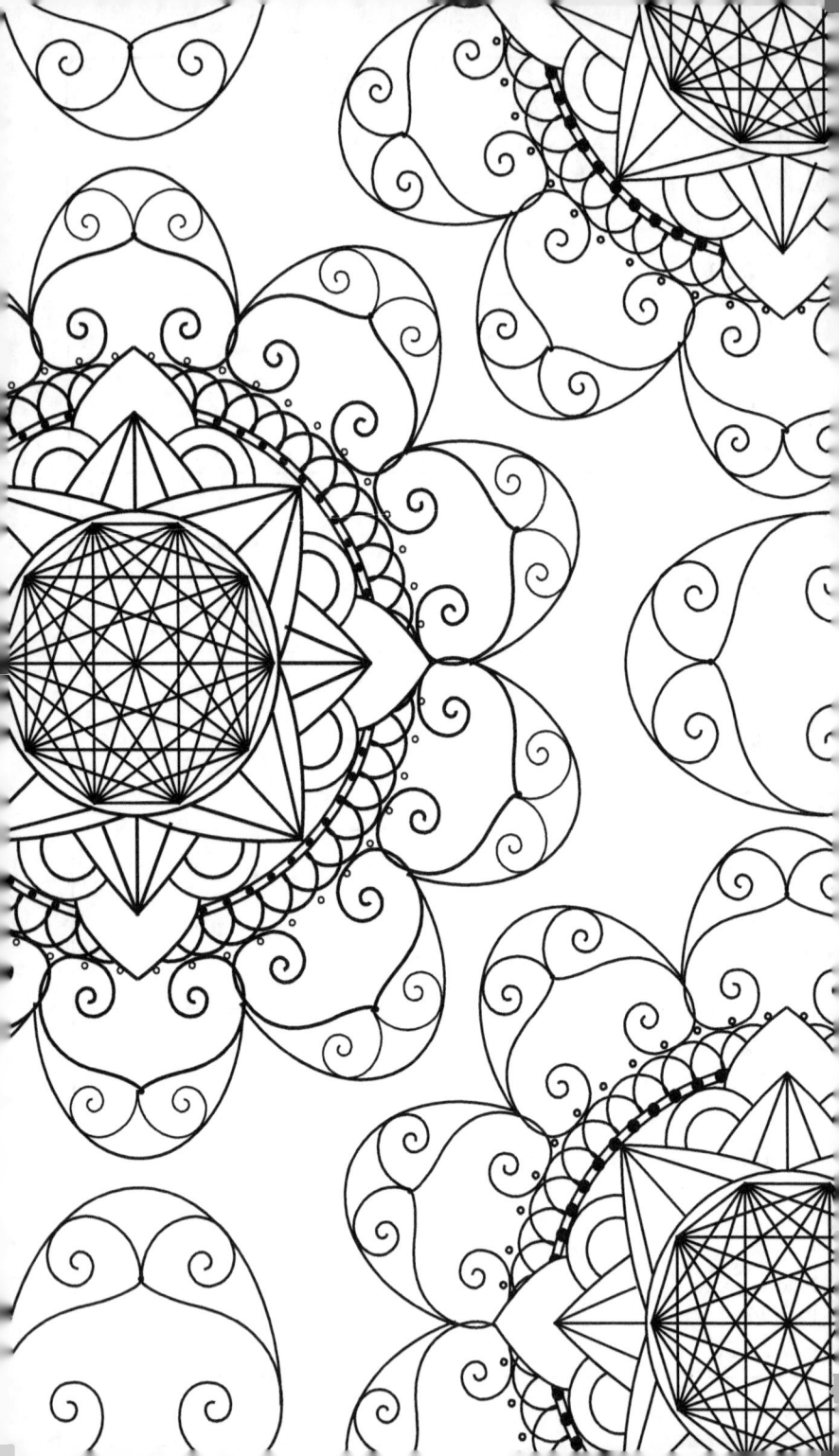

FEBRUARY

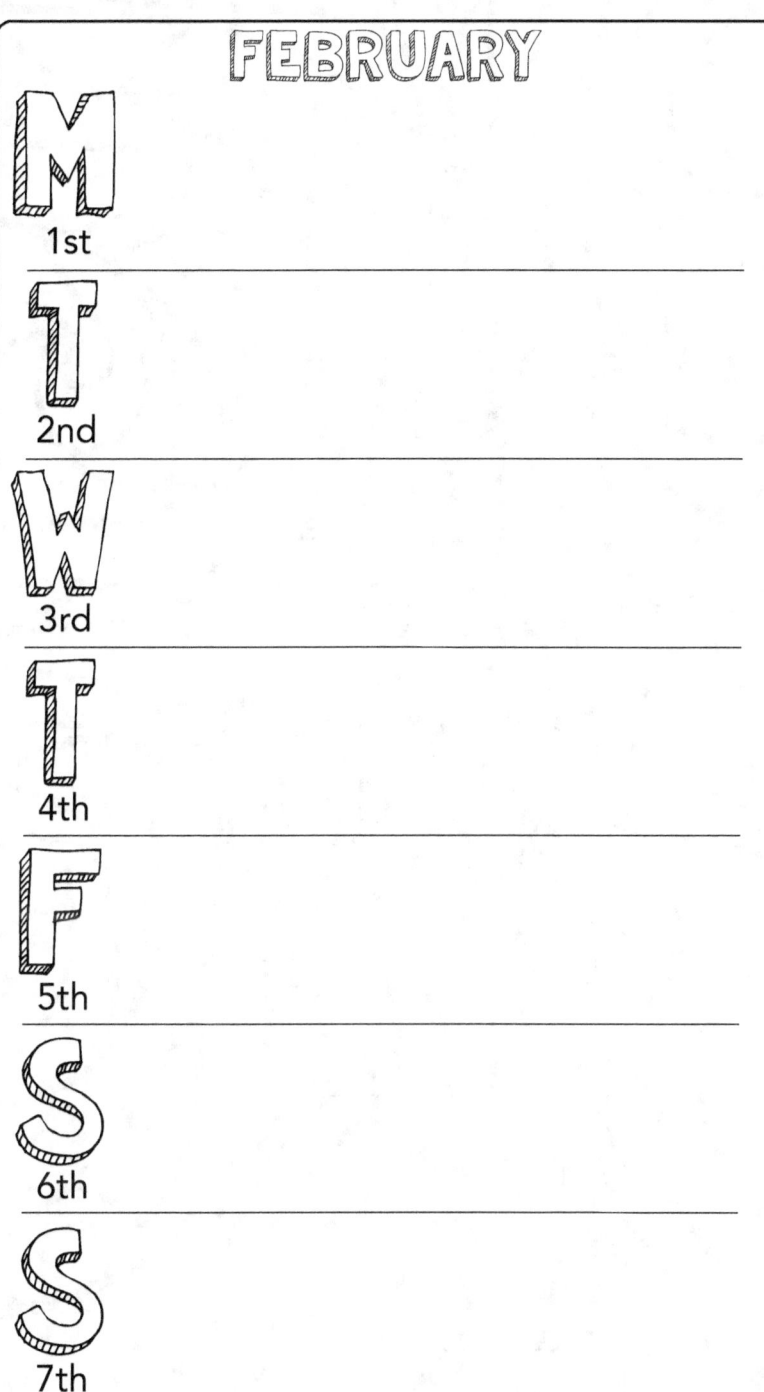

M
1st

T
2nd

W
3rd

T
4th

F
5th

S
6th

S
7th

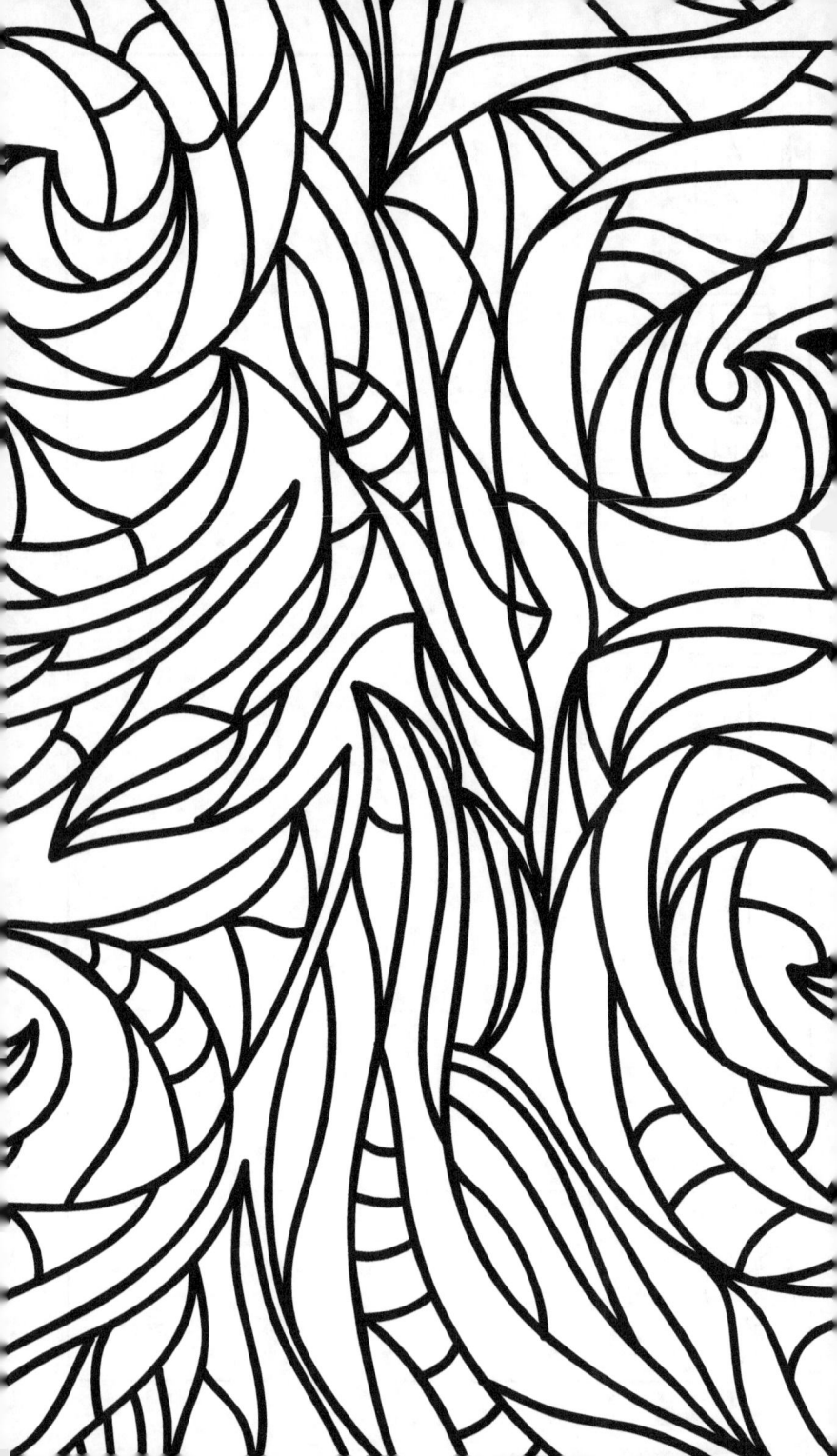

FEBRUARY

M
8th
Chinese New Year

T
9th
Shrove Tuesday

W
10th
Ash Wednesday

T
11th

F
12th

S
13th

S
14th
Valentine's Day

FEBRUARY

M
15th

T
16th

W
17th

T
18th

F
19th

S
20th

S
21st

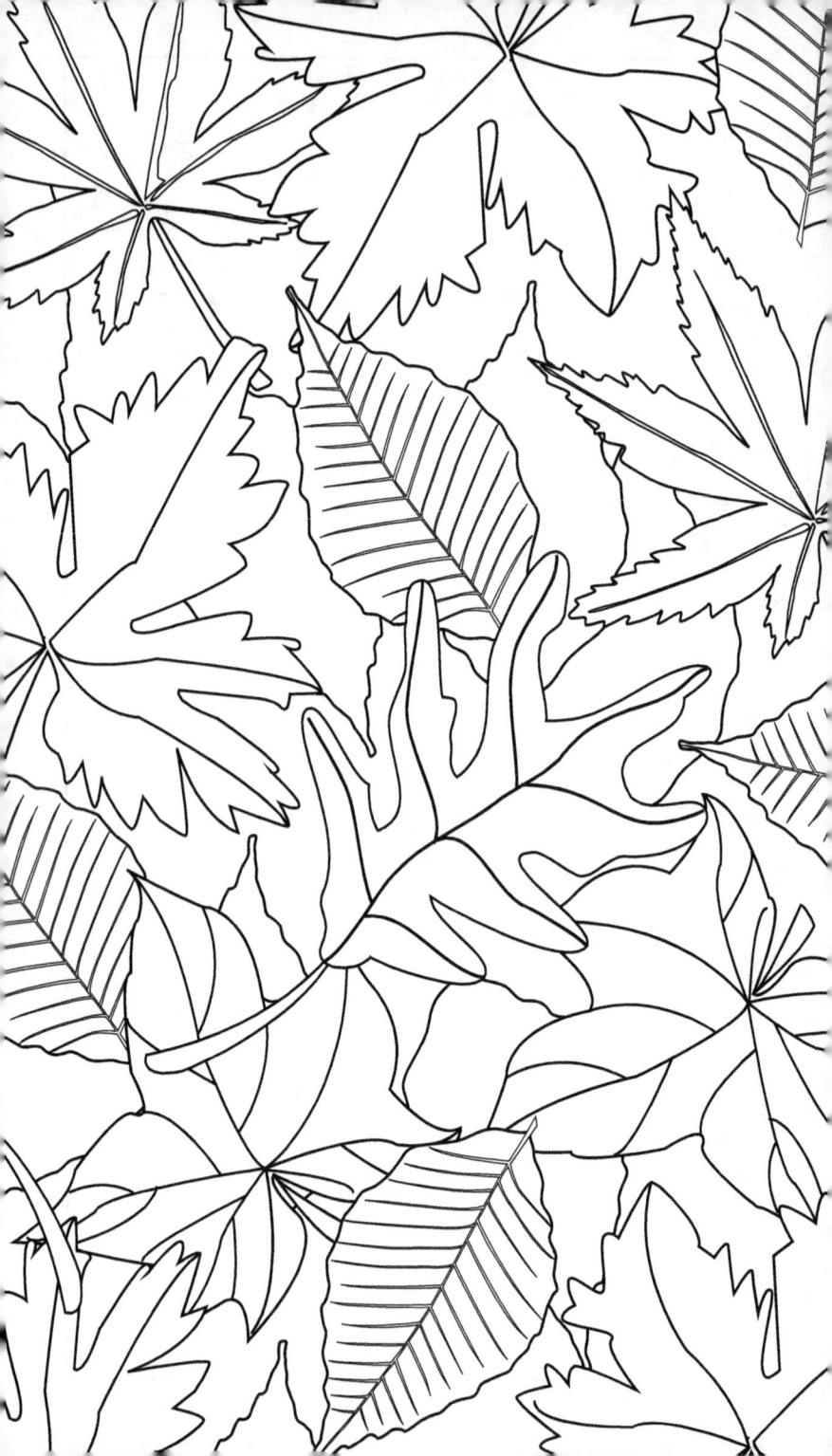

FEBRUARY

M
22nd
_____

T
23rd
_____

W
24th
_____

T
25th
_____

F
26th
_____

S
27th
_____

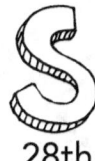

S
28th

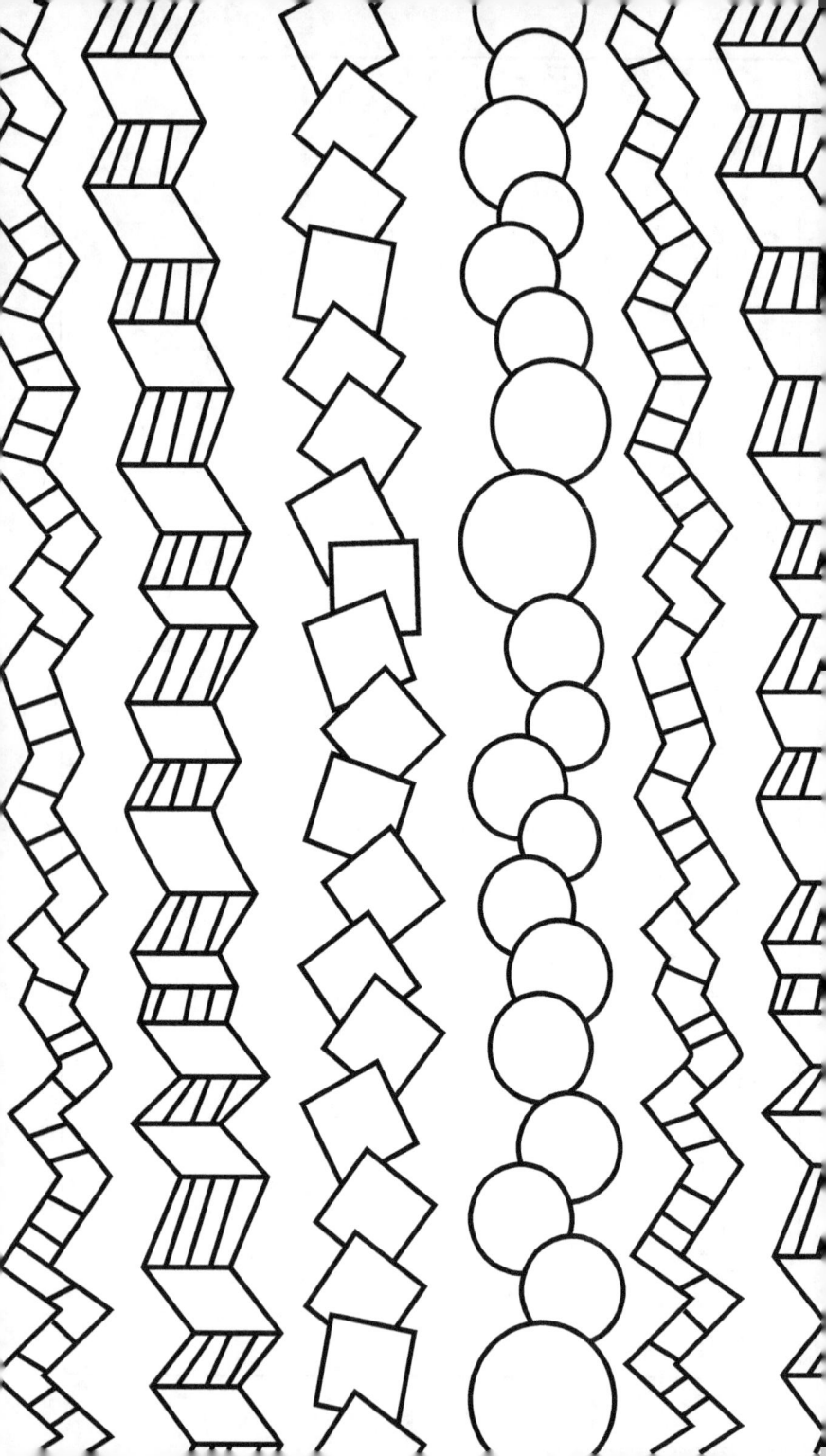

FEBRUARY/MARCH

M
29th

T
1st
St. David's Day

W
2nd

T
3rd

F
4th

S
5th

S
6th
Mother's Day (UK)

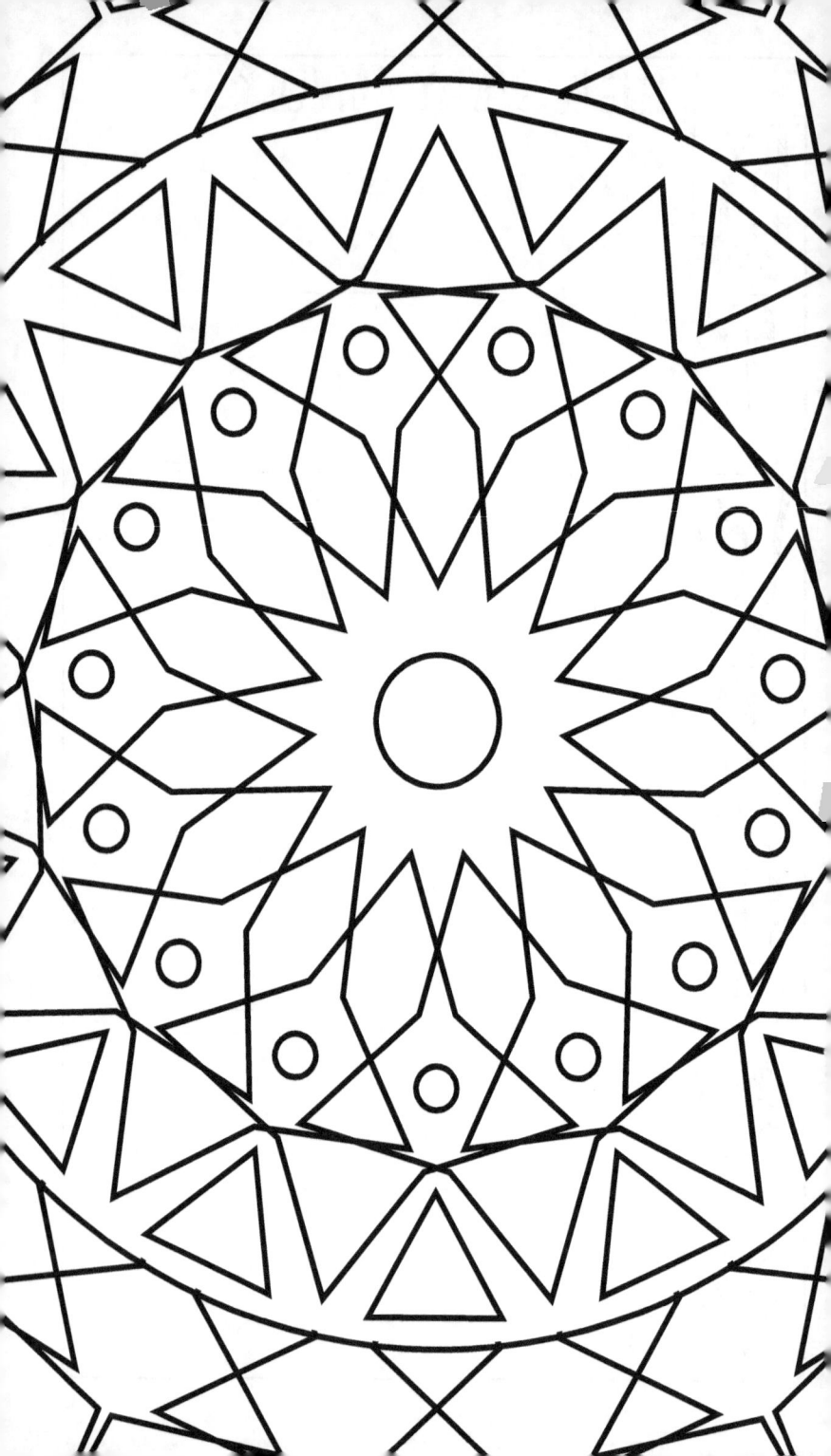

MARCH

M
7th

T
8th

W
9th

T
10th

F
11th

S
12th

S
13th

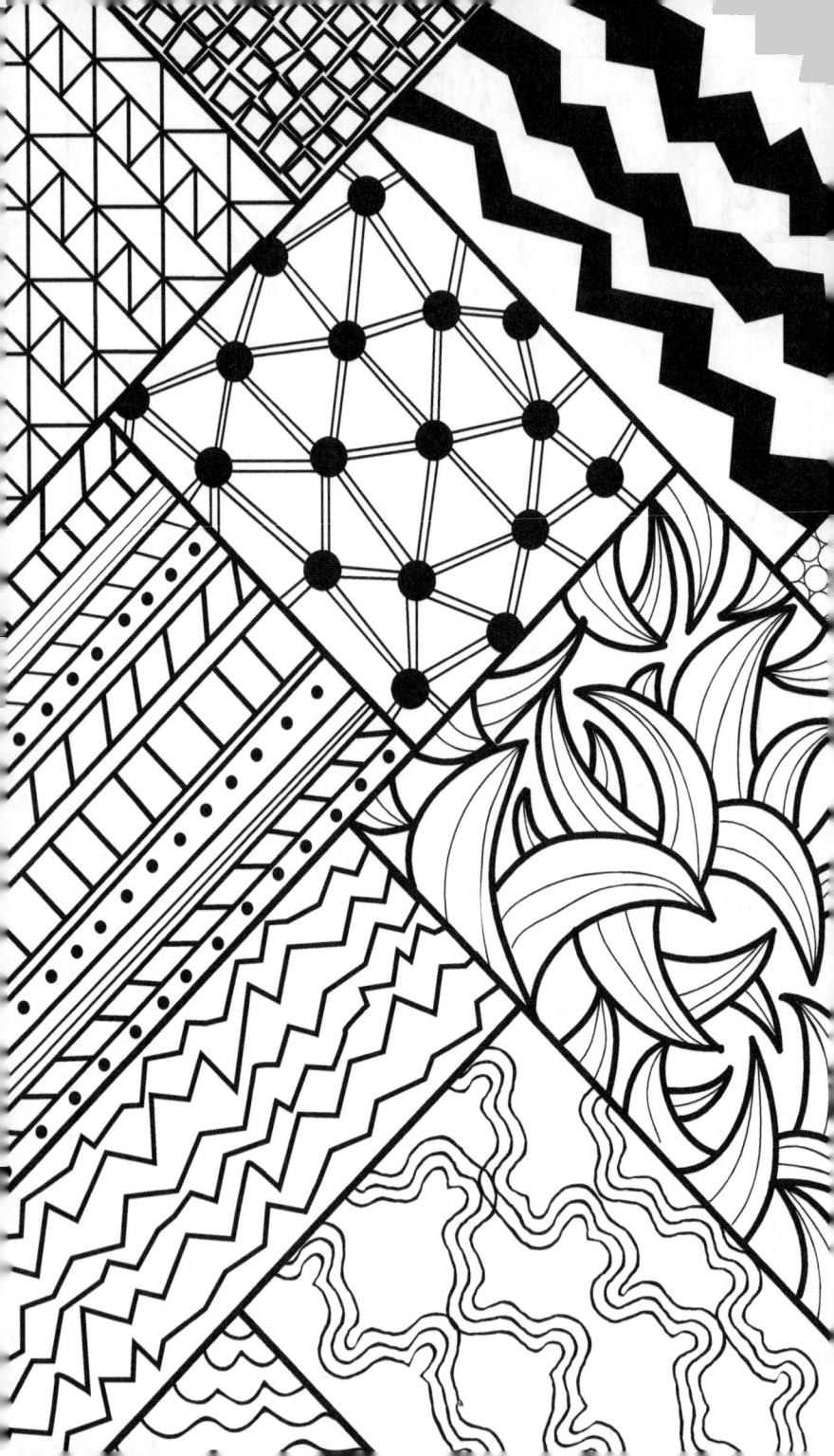

MARCH

M
14th

T
15th

W
16th

T
17th   St. Patrick's Day

F
18th

S
19th

S
20th

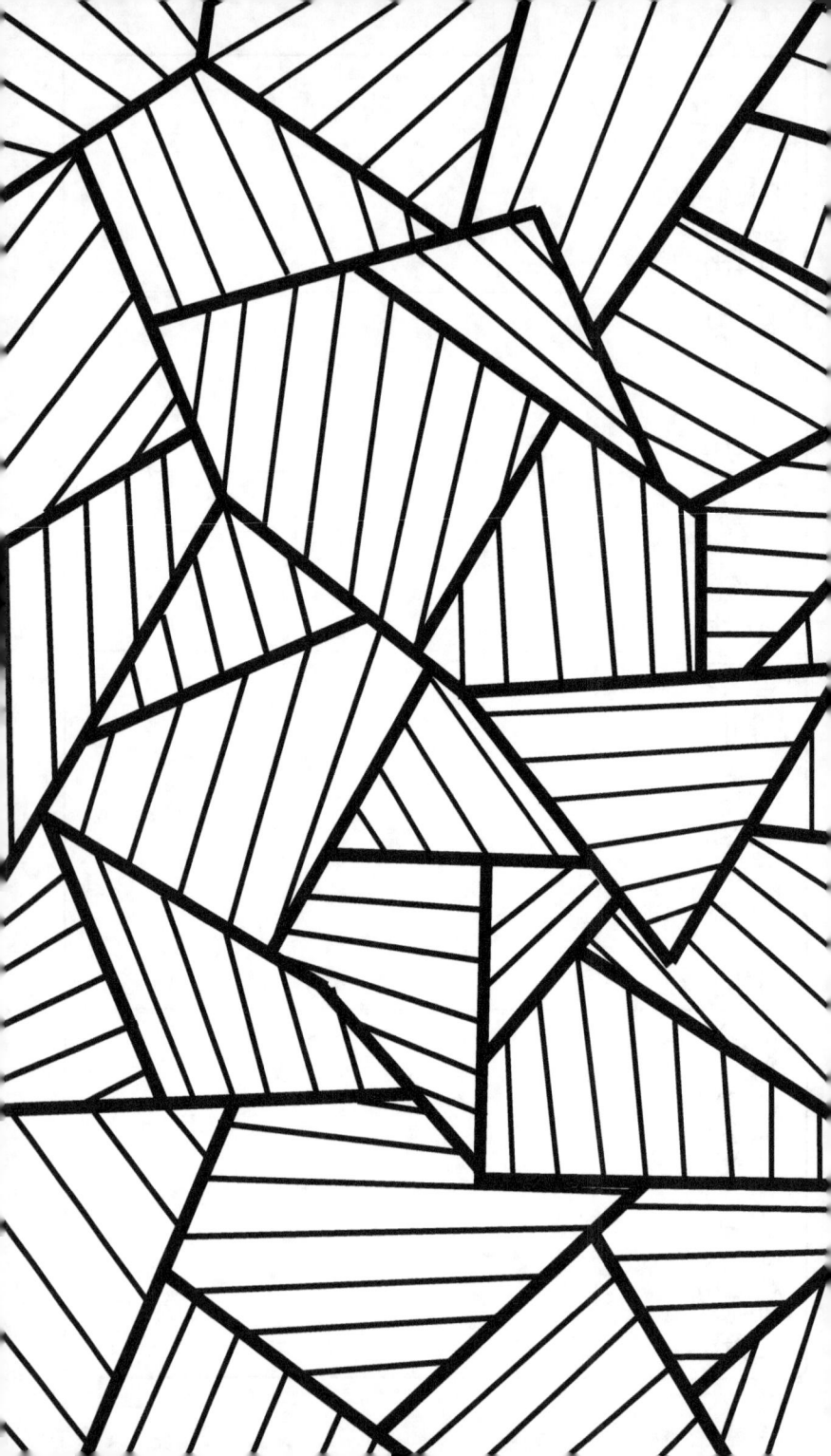

MARCH

M
21st

T
22nd

W
23rd

T
24th

F
25th
Good Friday Bank holiday (UK)

S
26th

S
27th
Easter Sunday

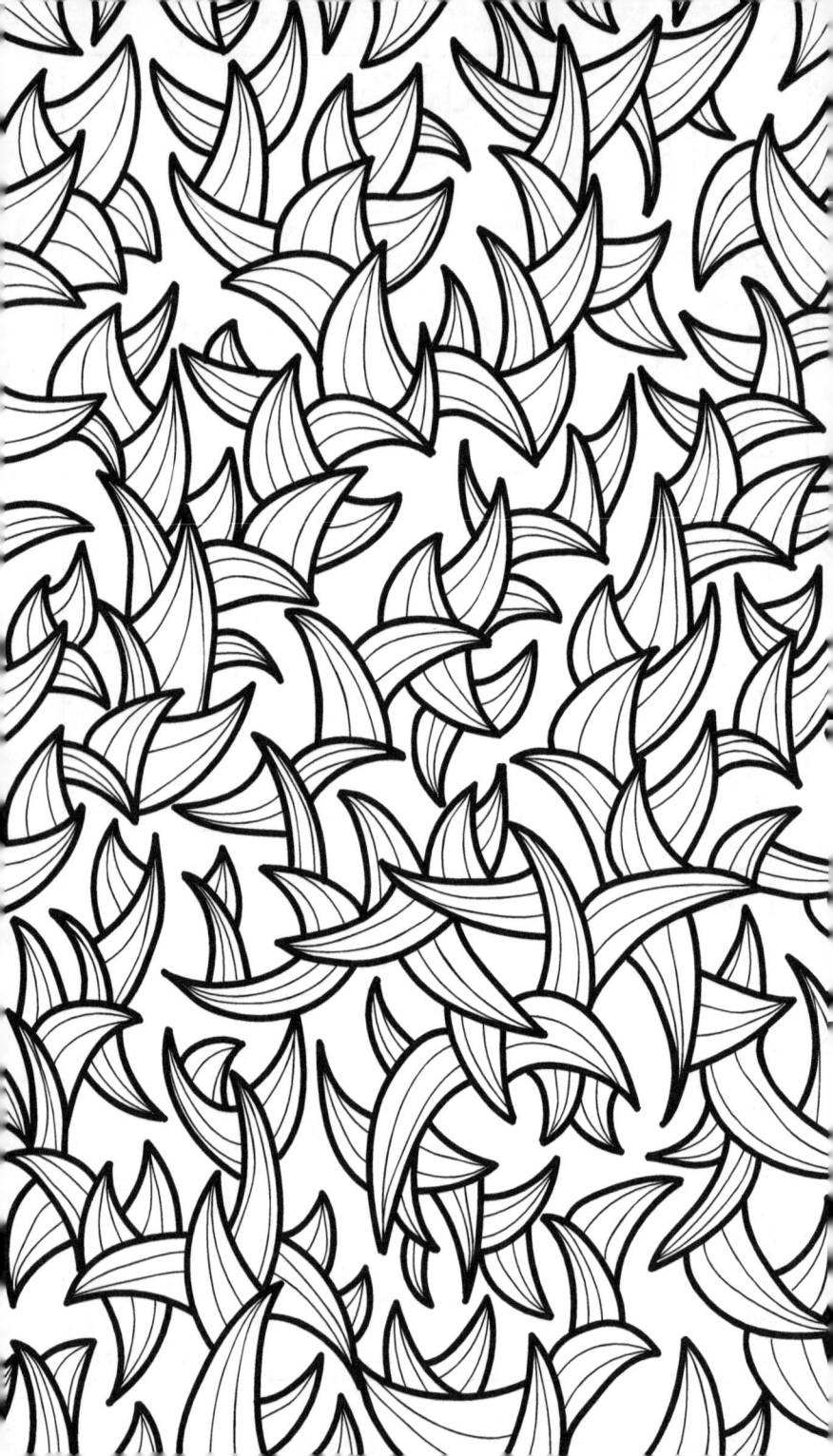

MARCH/APRIL

M
28th

Easter Monday Bank holiday (UK)

T
29th

W
30th

T
31st

F
1st

S
2nd

S
3rd

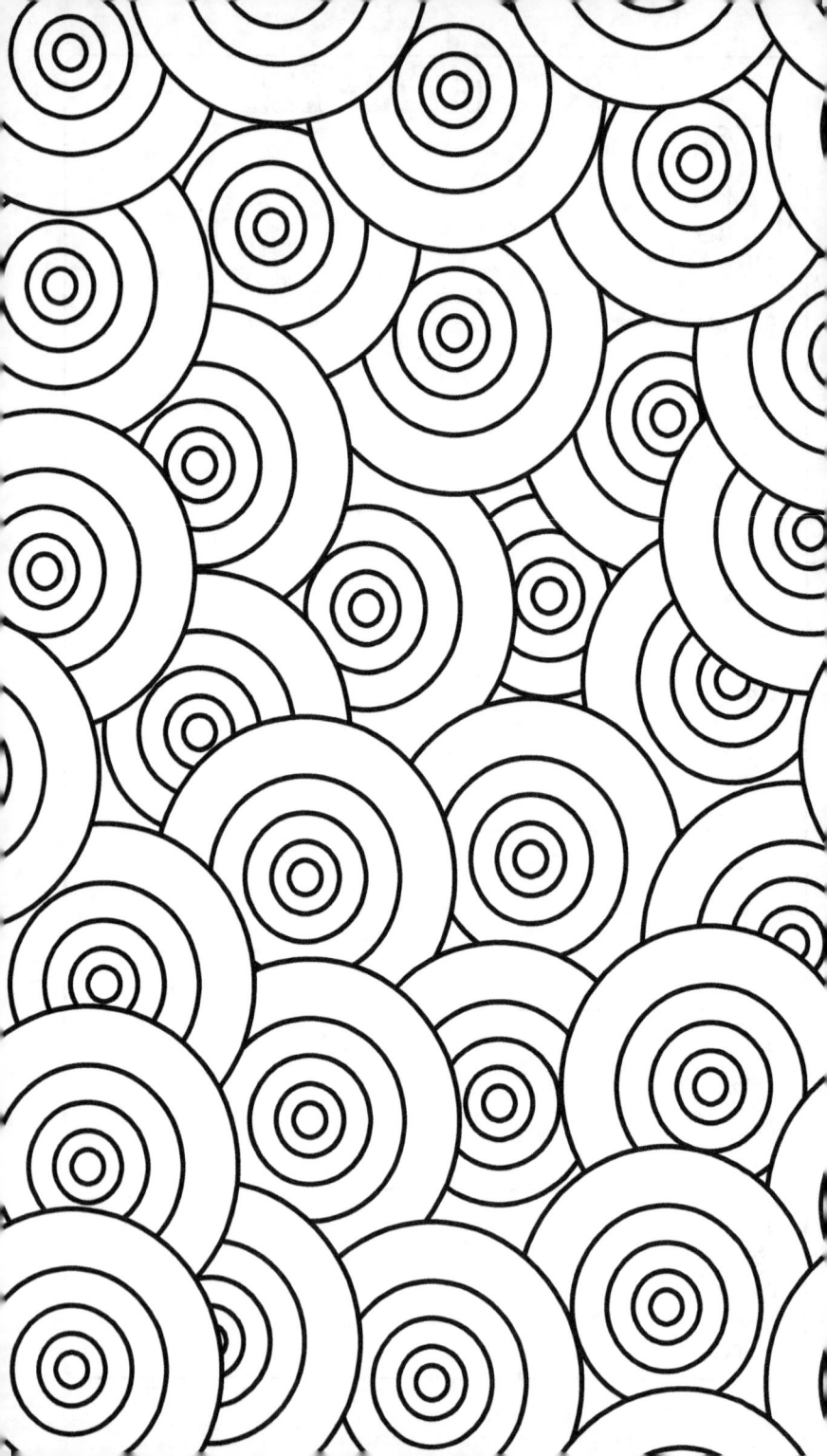

APRIL

M 4th

T 5th

W 6th

T 7th

F 8th

S 9th

S 10th

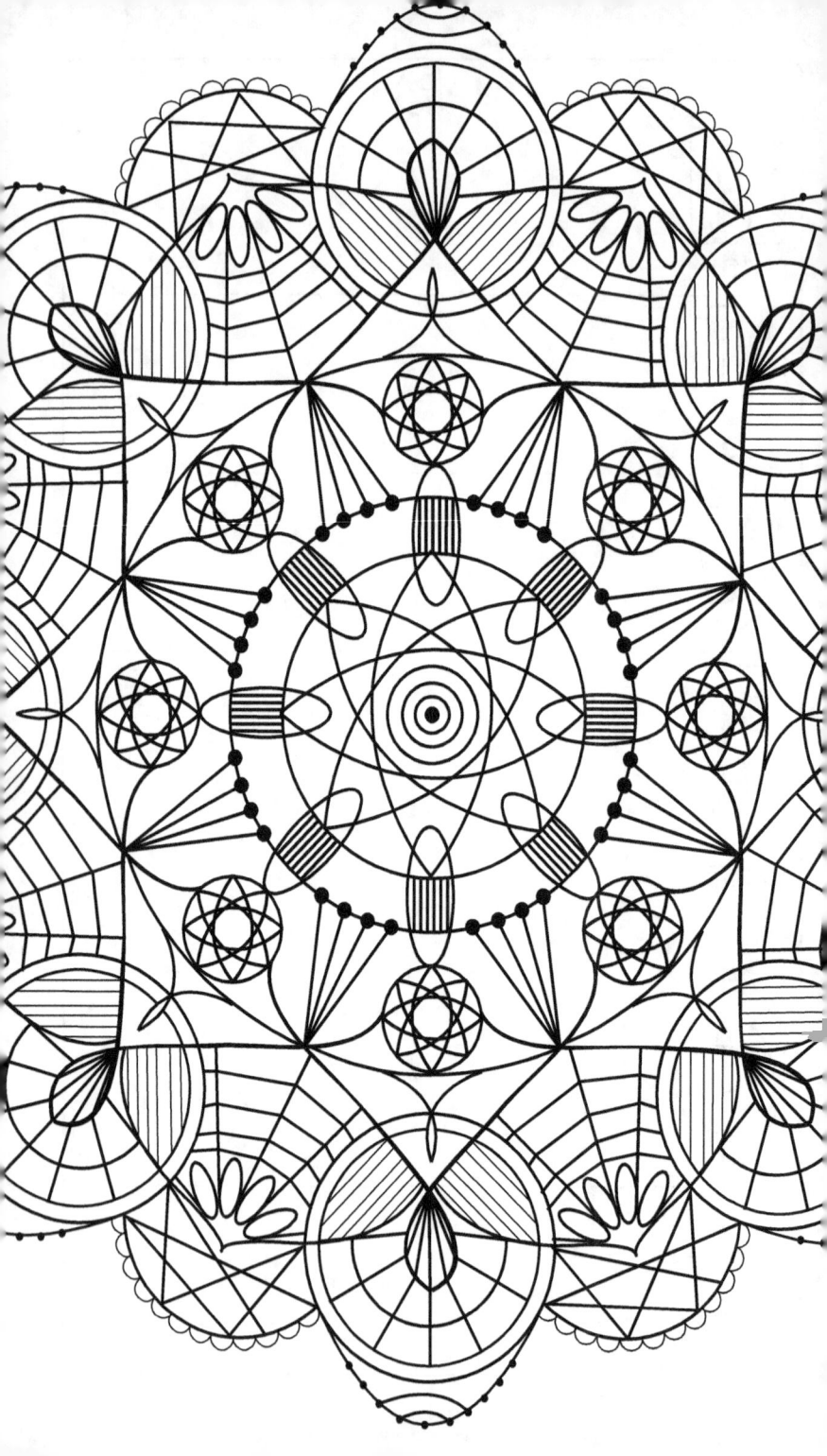

APRIL

M
11th

T
12th

W
13th

T
14th

F
15th

S
16th

S
17th

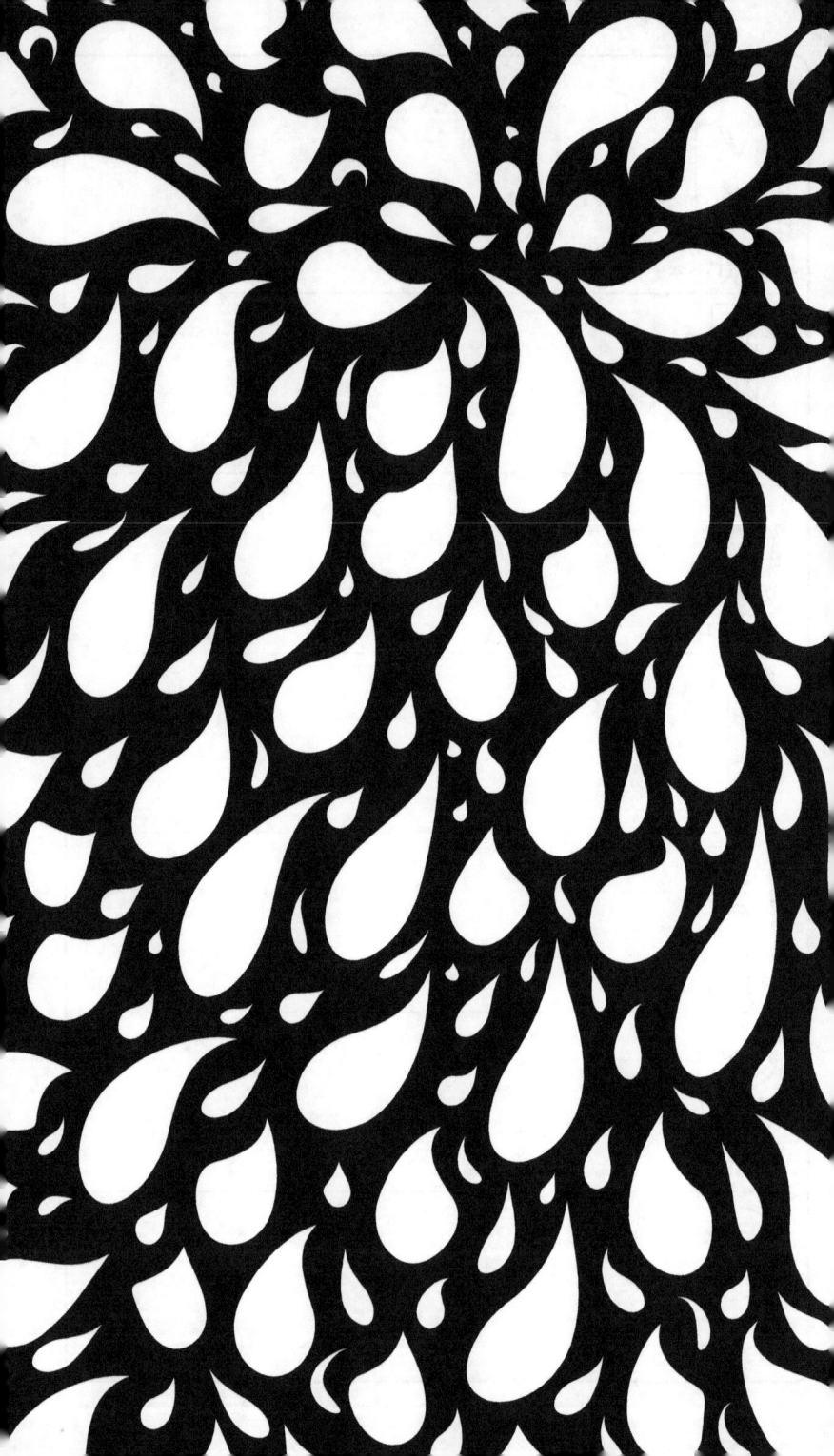

APRIL

M
18th

T
19th

W
20th

T
21st

F
22nd

S
23rd

St. George's Day

S
24th

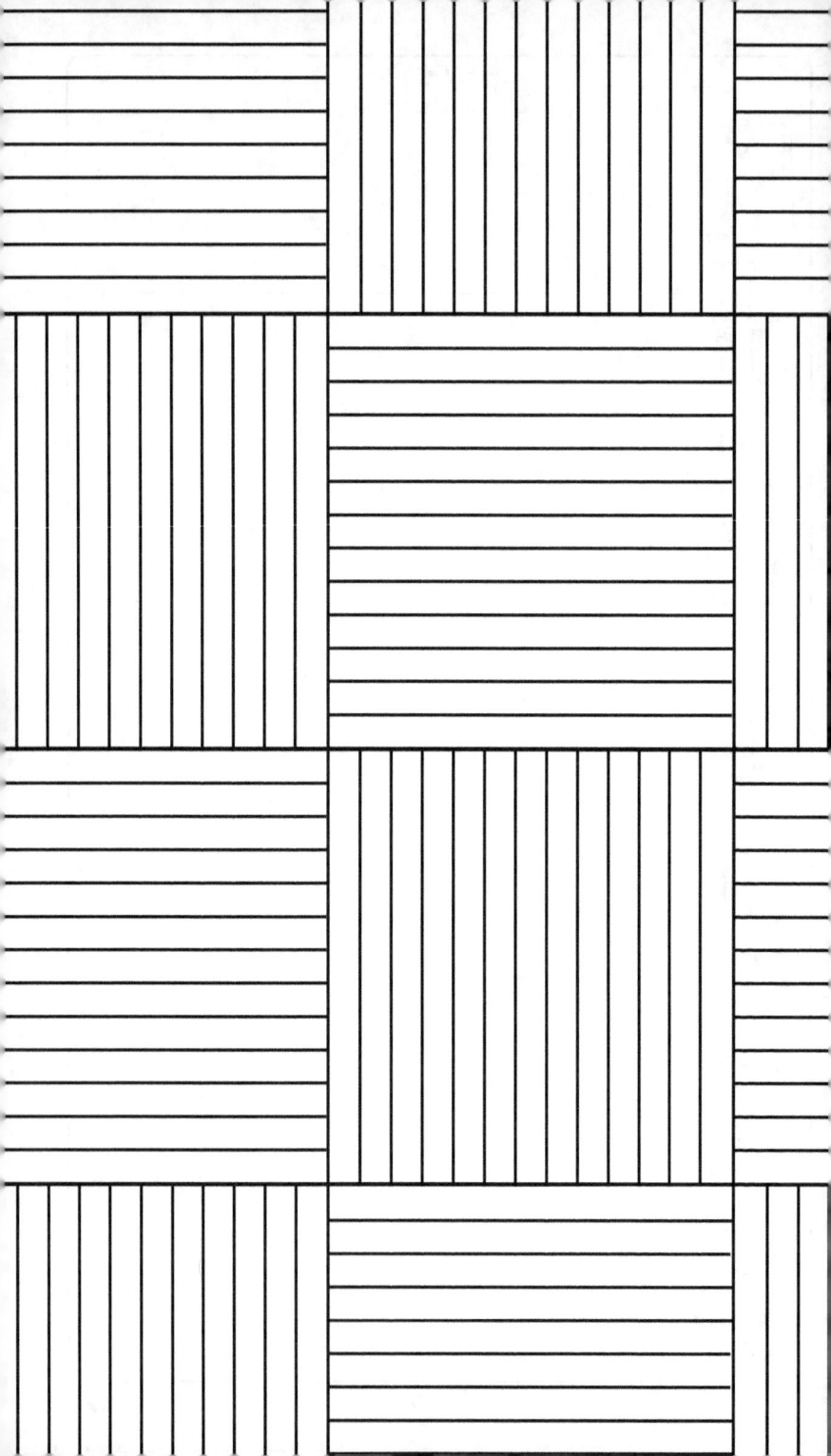

APRIL/MAY

M
25th

T
26th

W
27th

T
28th

F
29th

S
30th

S
1st

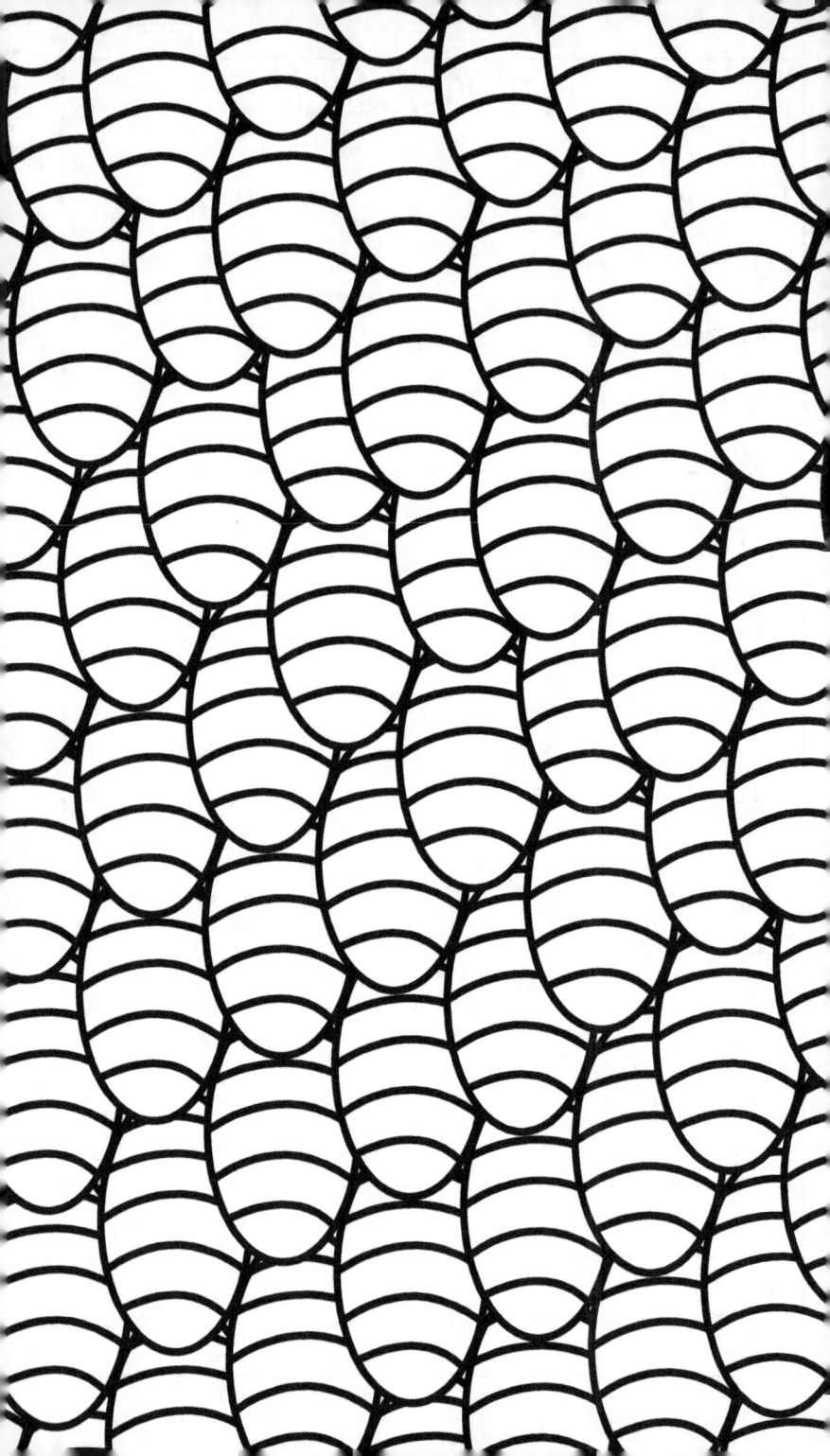

MAY

M
2nd

Early May Bank holiday (UK)

T
3rd

W
4th

T
5th

F
6th

S
7th

S
8th

Mother's Day (US)

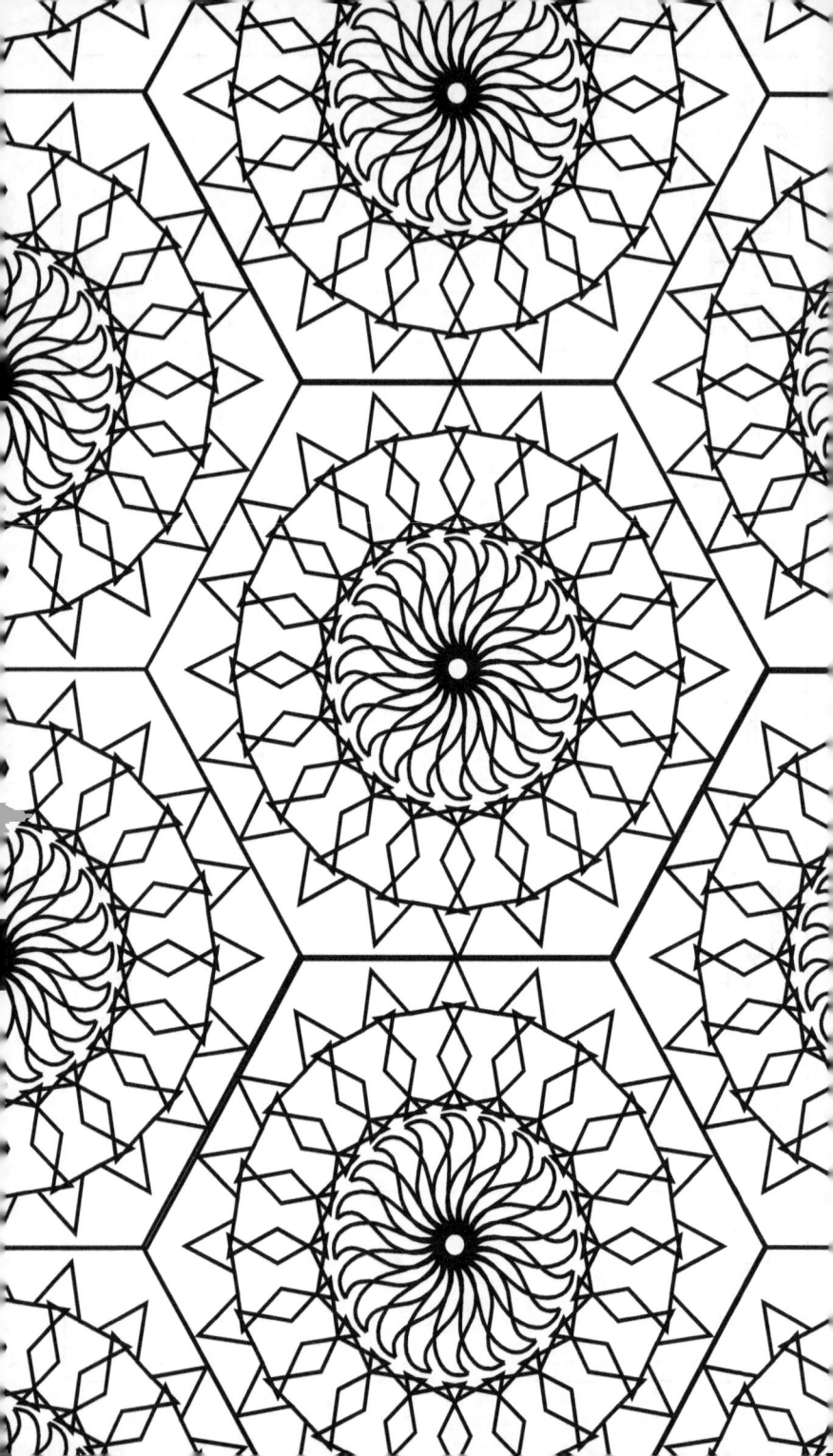

MAY

M
9th

T
10th

W
11th

T
12th

F
13th

S
14th

S
15th

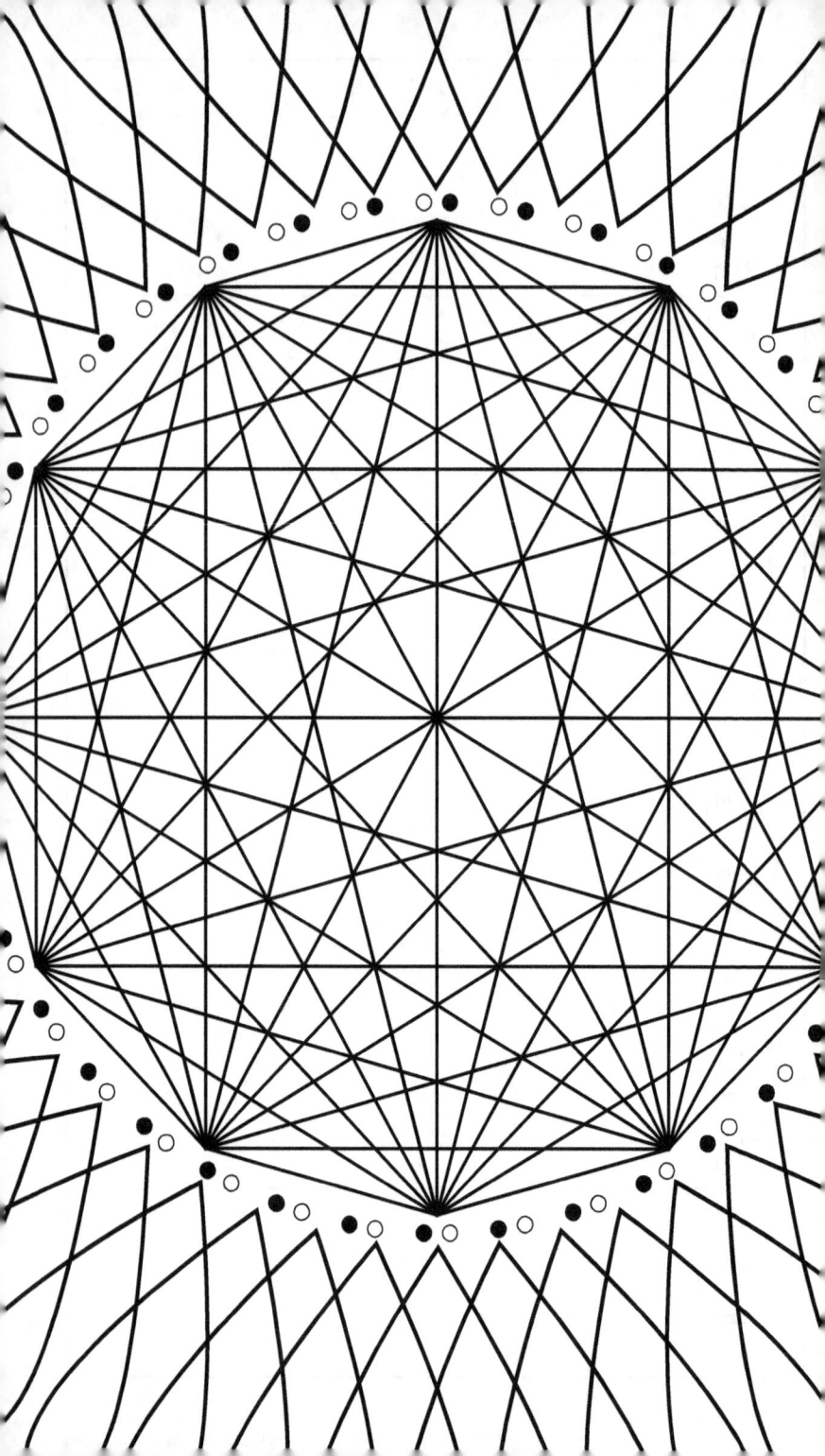

MAY

M 16th

T 17th

W 18th

T 19th

F 20th

S 21st

S 22nd

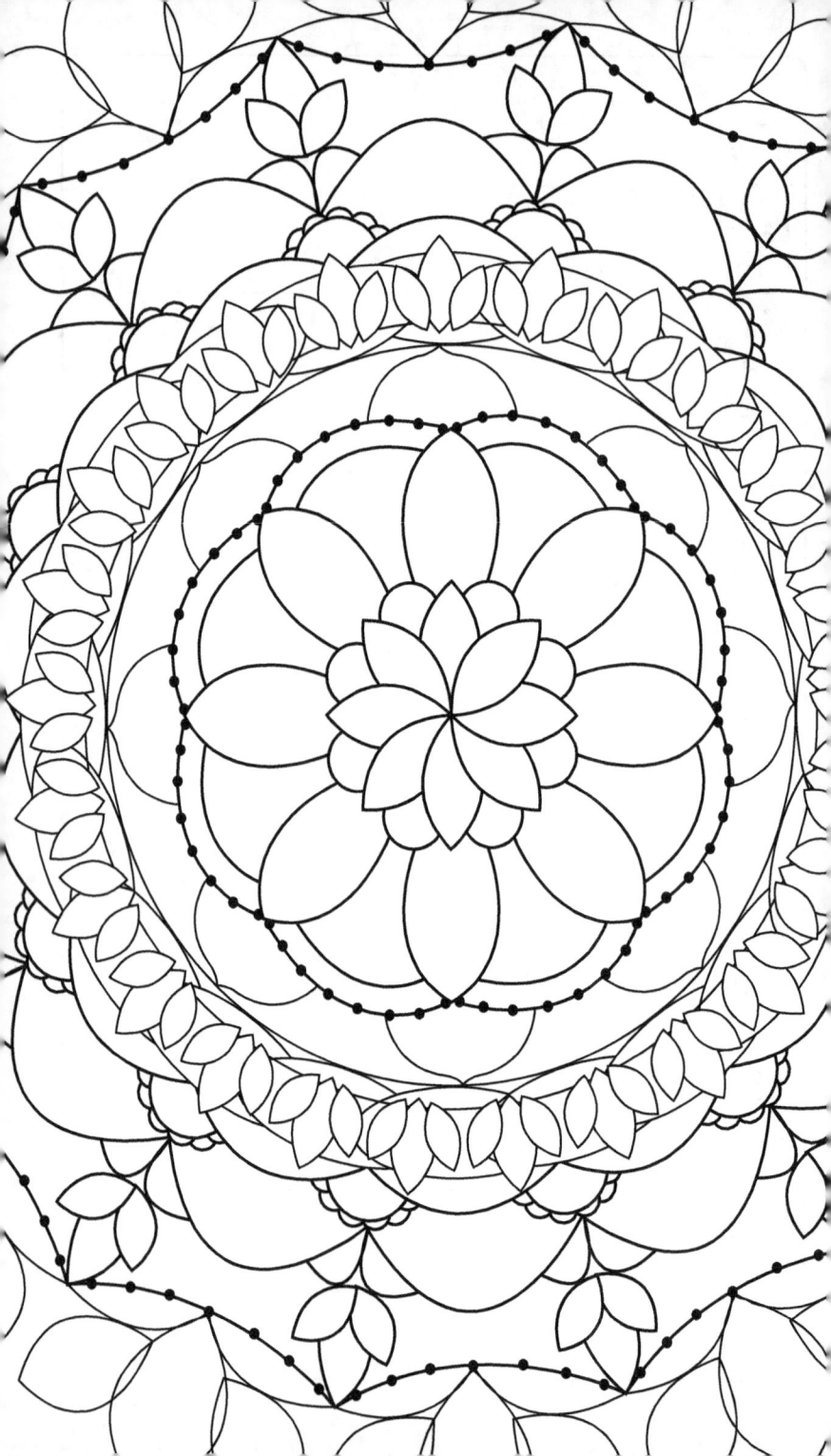

MAY

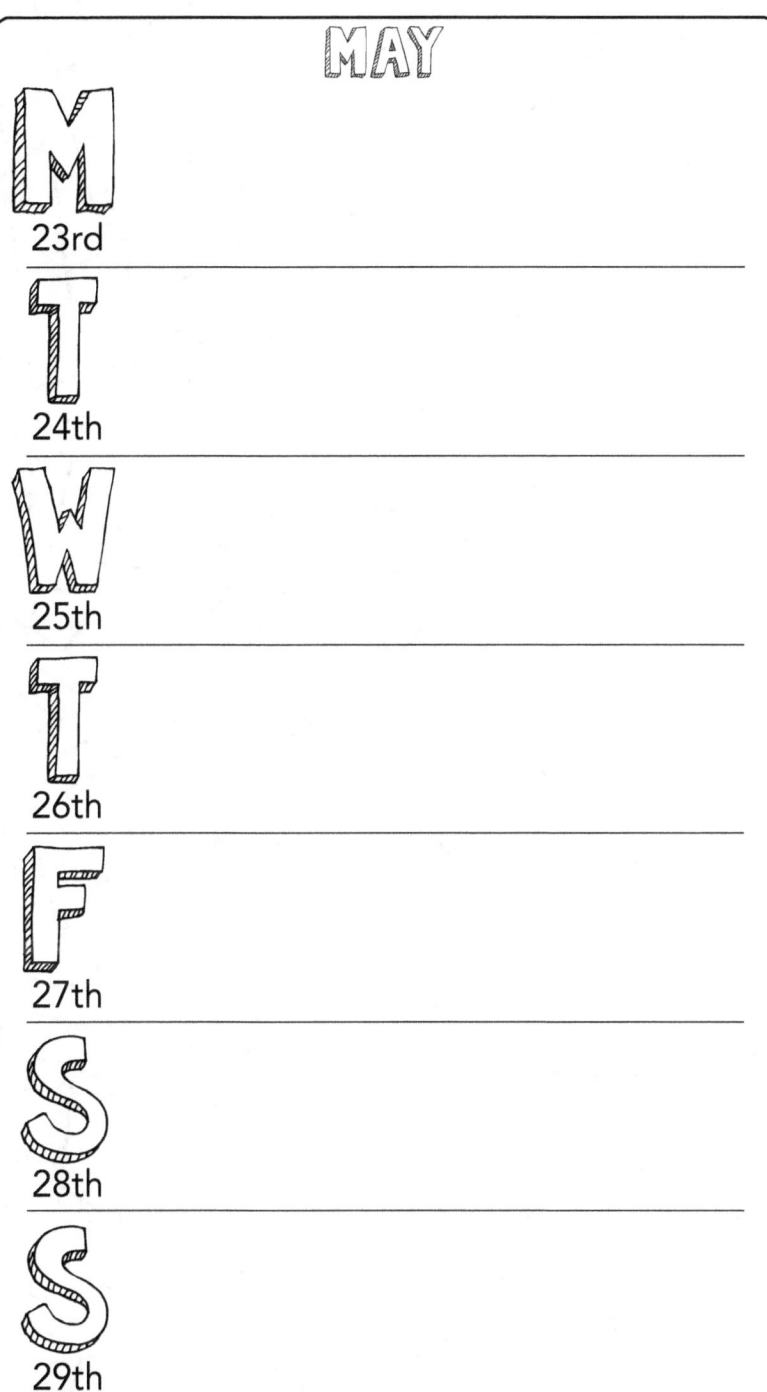

M
23rd

T
24th

W
25th

T
26th

F
27th

S
28th

S
29th

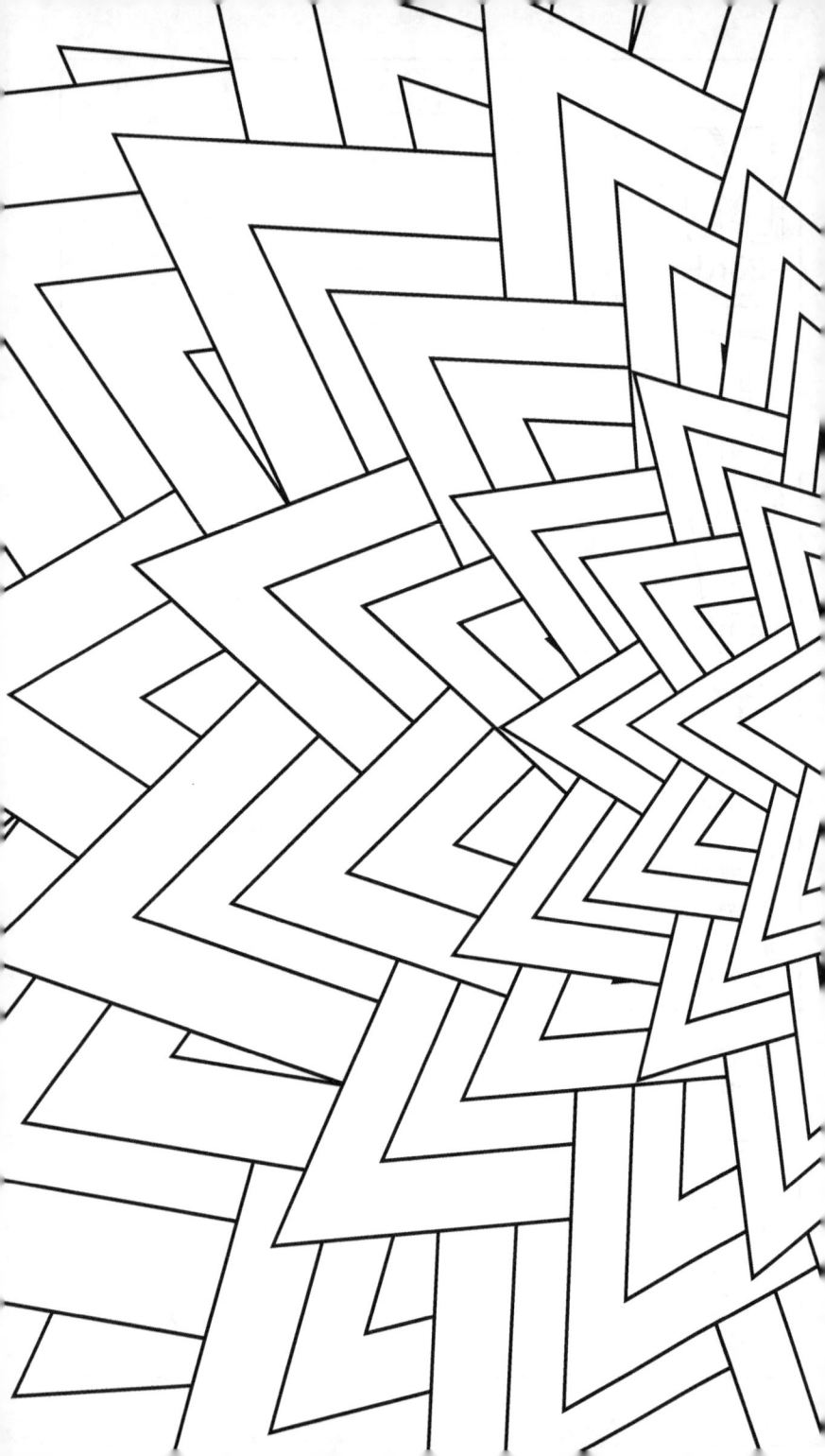

MAY/JUNE

M
30th

Spring Bank holiday (UK)
Memorial Day (US)

T
31st

W
1st

T
2nd

F
3rd

S
4th

S
5th

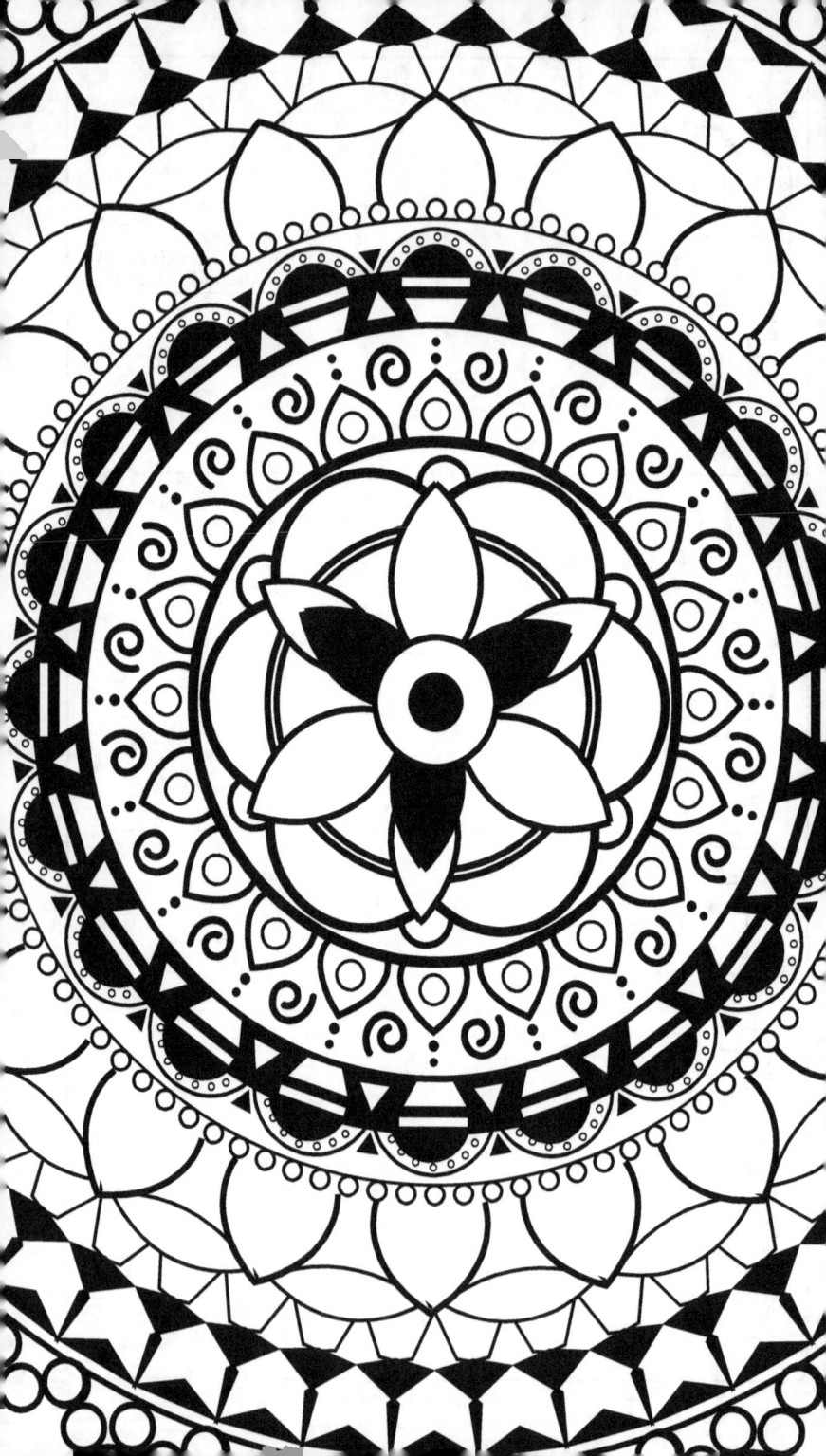

JUNE

M
6th

T
7th

W
8th

T
9th

F
10th

S
11th

S
12th

JUNE

M
13th

T
14th

W
15th

T
16th

F
17th

S
18th

S
19th

Father's Day (UK & US)

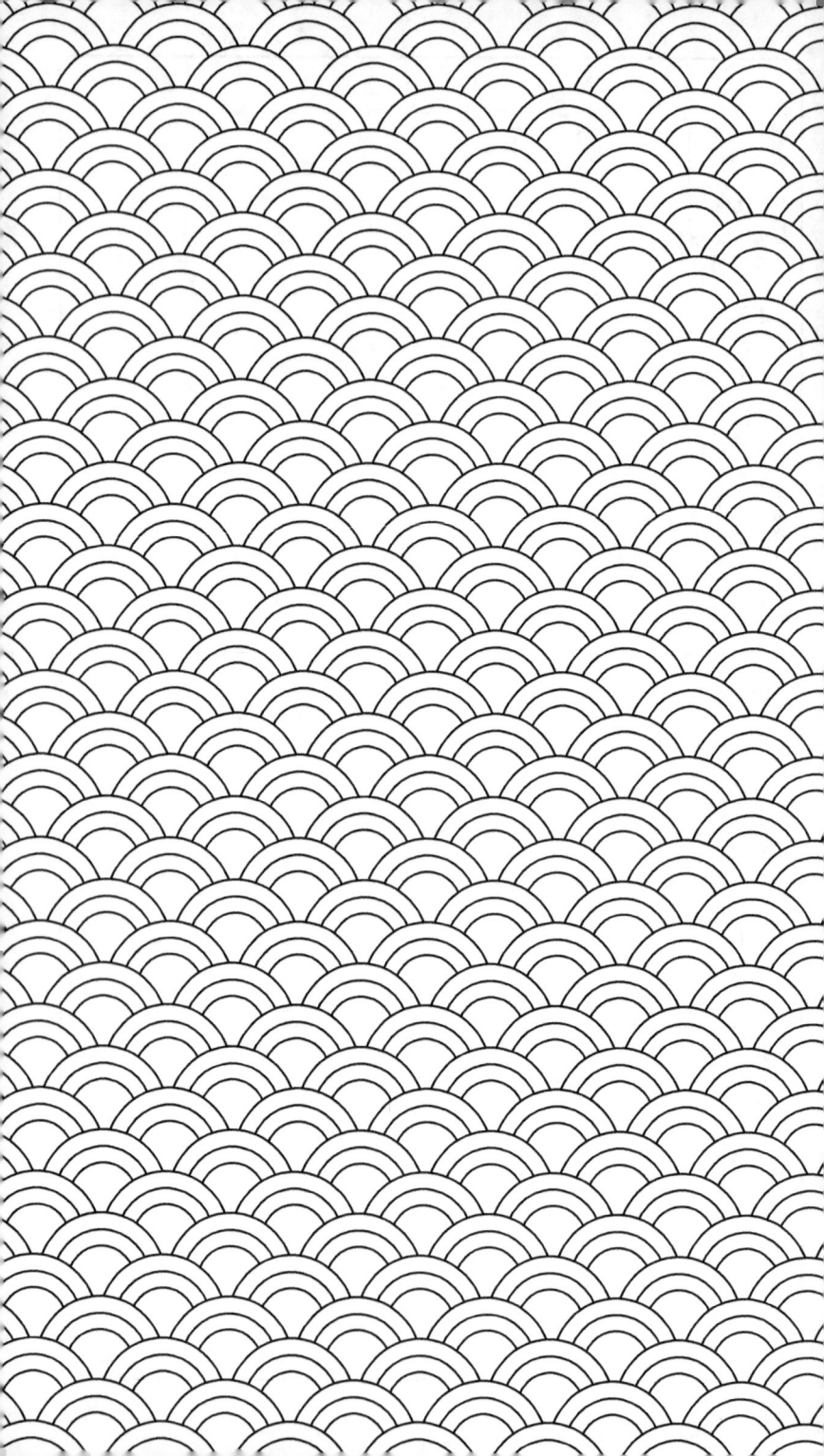

JUNE

M
20th

T
21st

W
22nd

T
23rd

F
24th

S
25th

S
26th

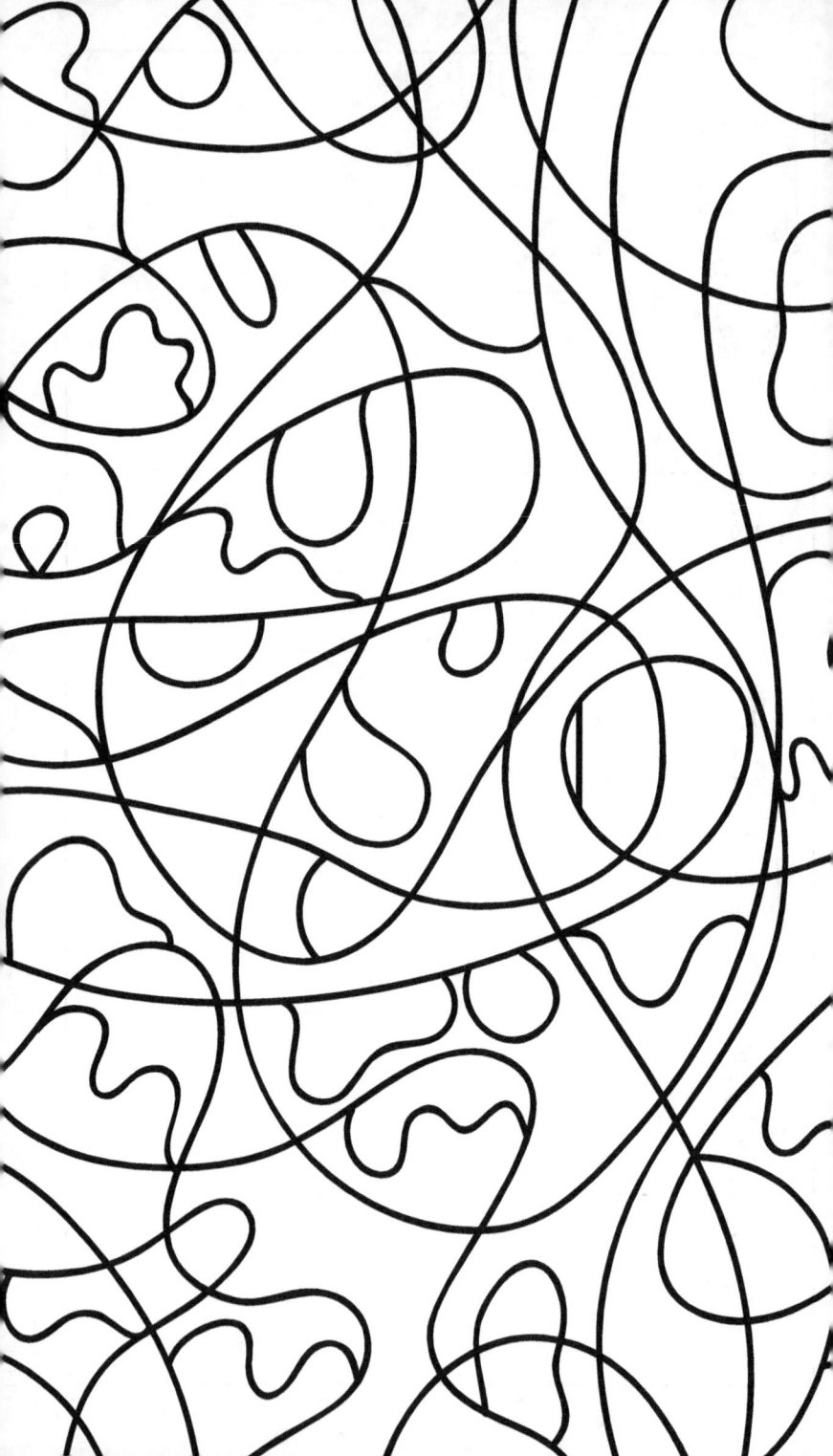

JUNE/JULY

M
27th

T
28th

W
29th

T
30th

F
1st

S
2nd

S
3rd

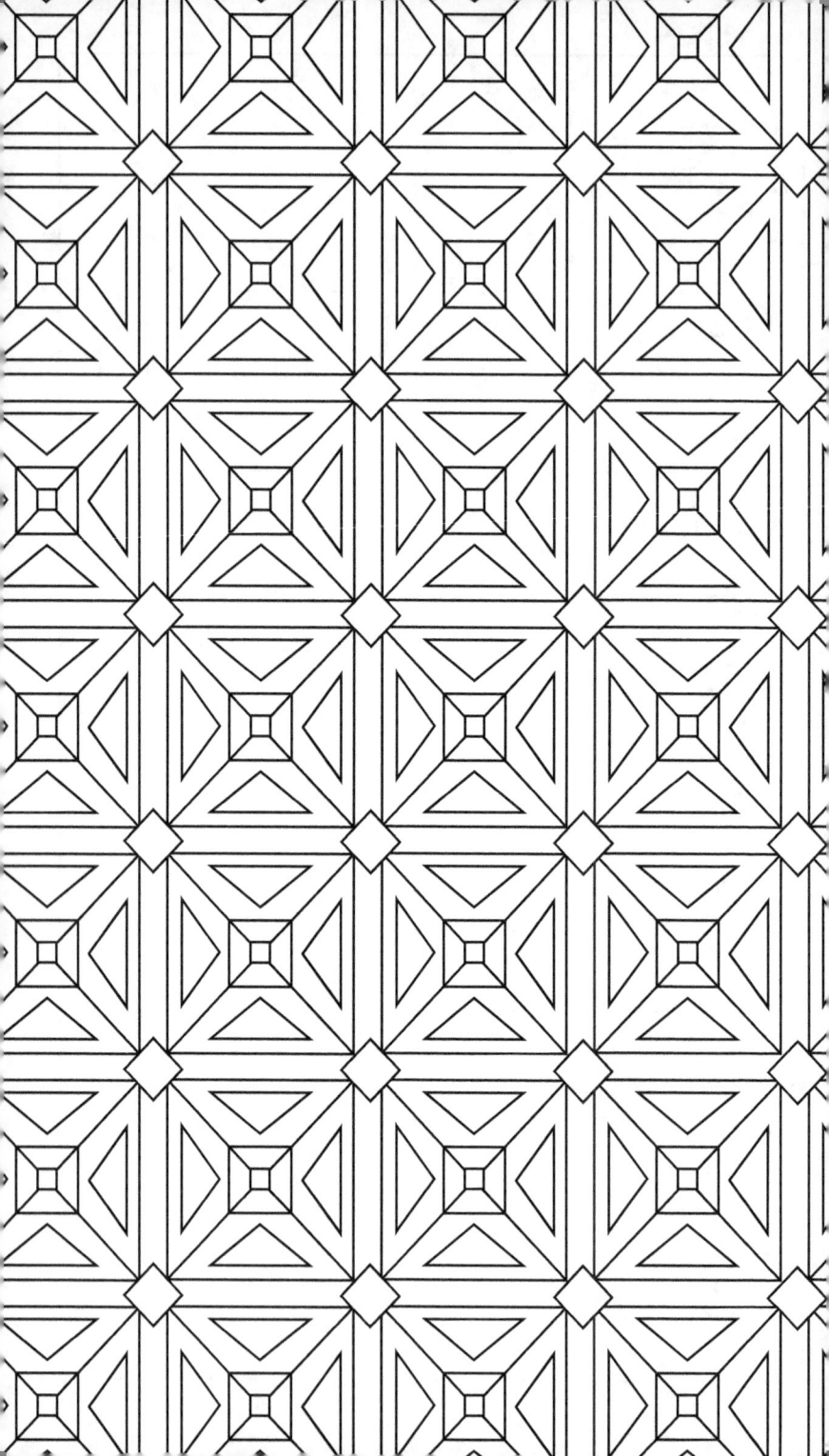

JULY

M
4th
Independence Day (US)

T
5th

W
6th

T
7th

F
8th

S
9th

S
10th

JULY

M
11th

T
12th

W
13th

T
14th

F
15th

S
16th

S
17th

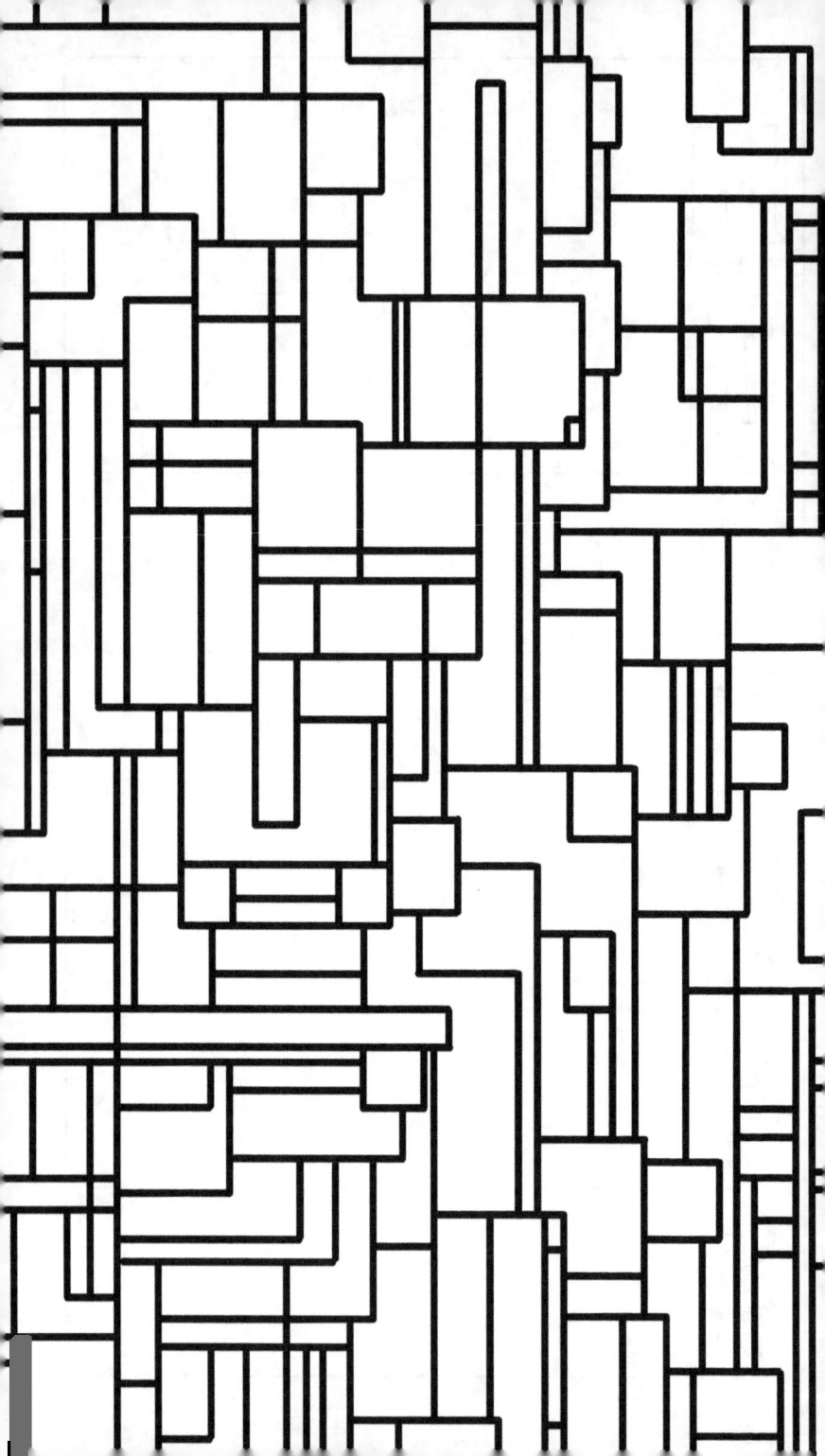

JULY

M
18th

T
19th

W
20th

T
21st

F
22nd

S
23rd

S
24th

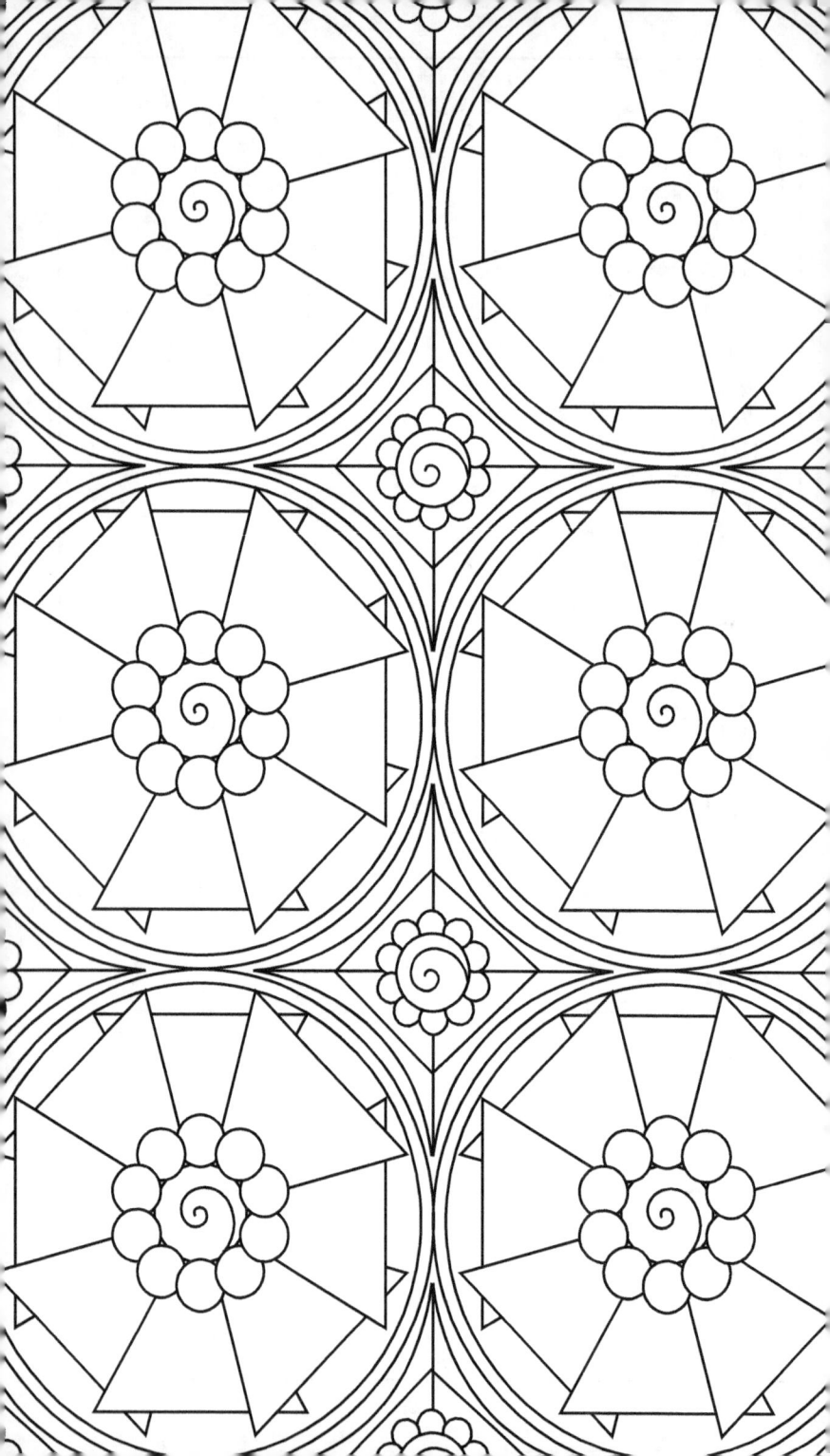

JULY

M 25th

T 26th

W 27th

T 28th

F 29th

S 30th

S 31st

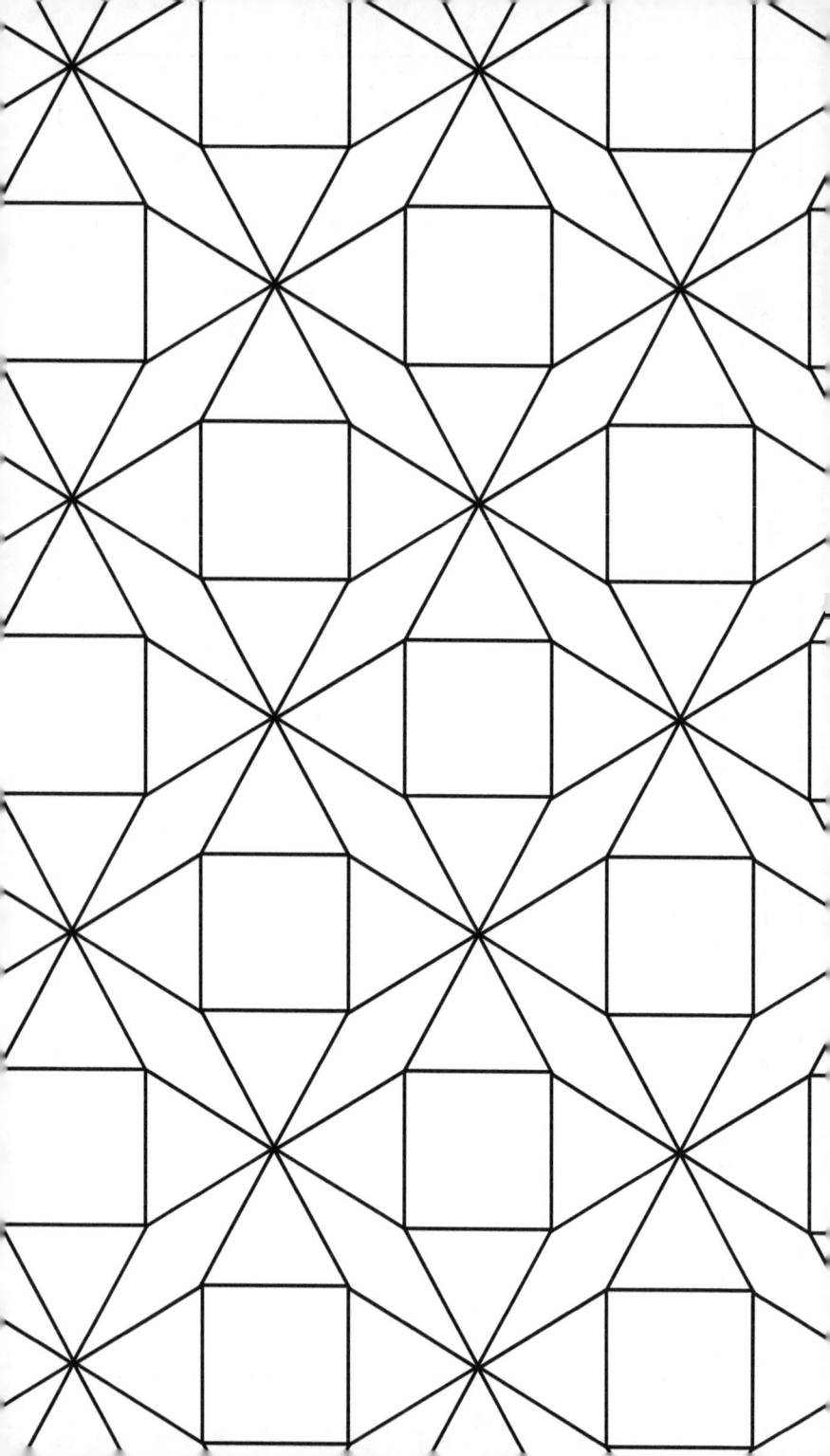

AUGUST

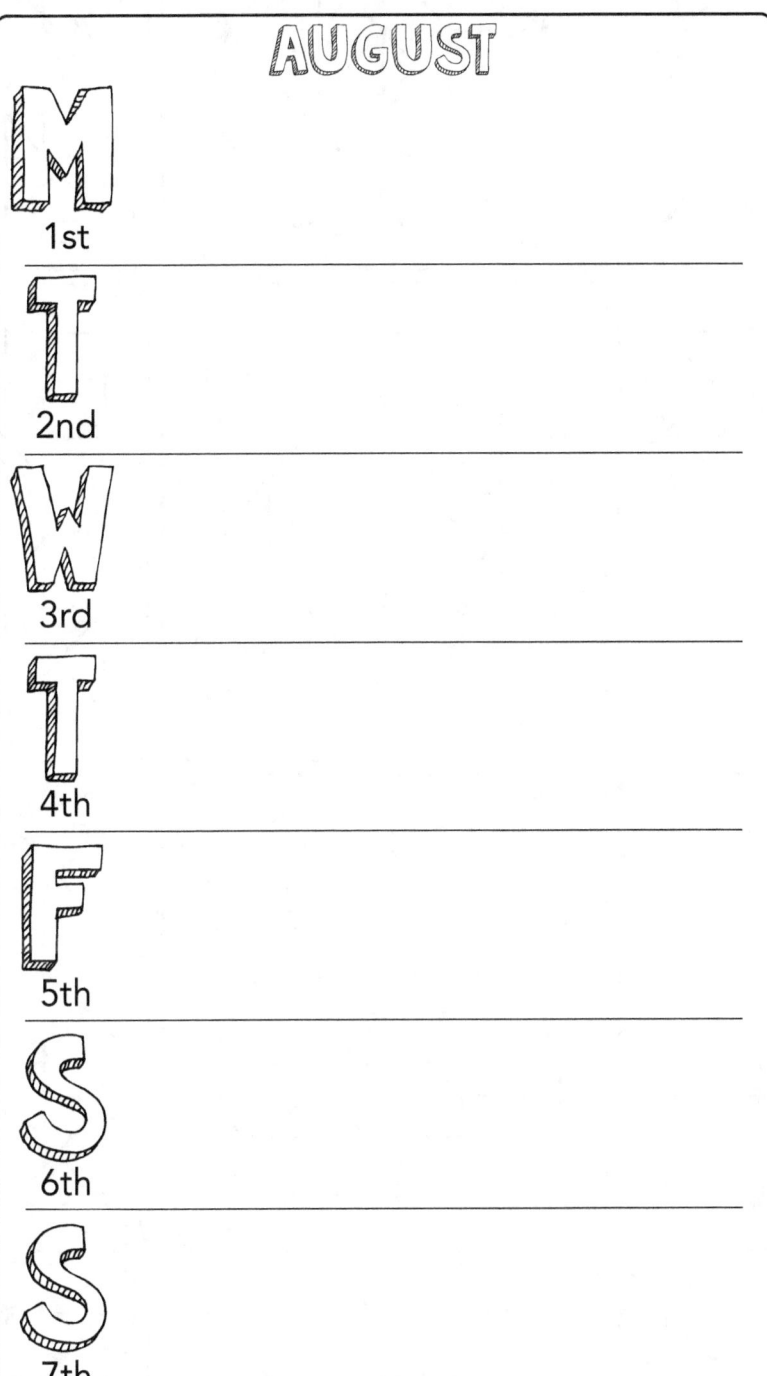

M
1st

T
2nd

W
3rd

T
4th

F
5th

S
6th

S
7th

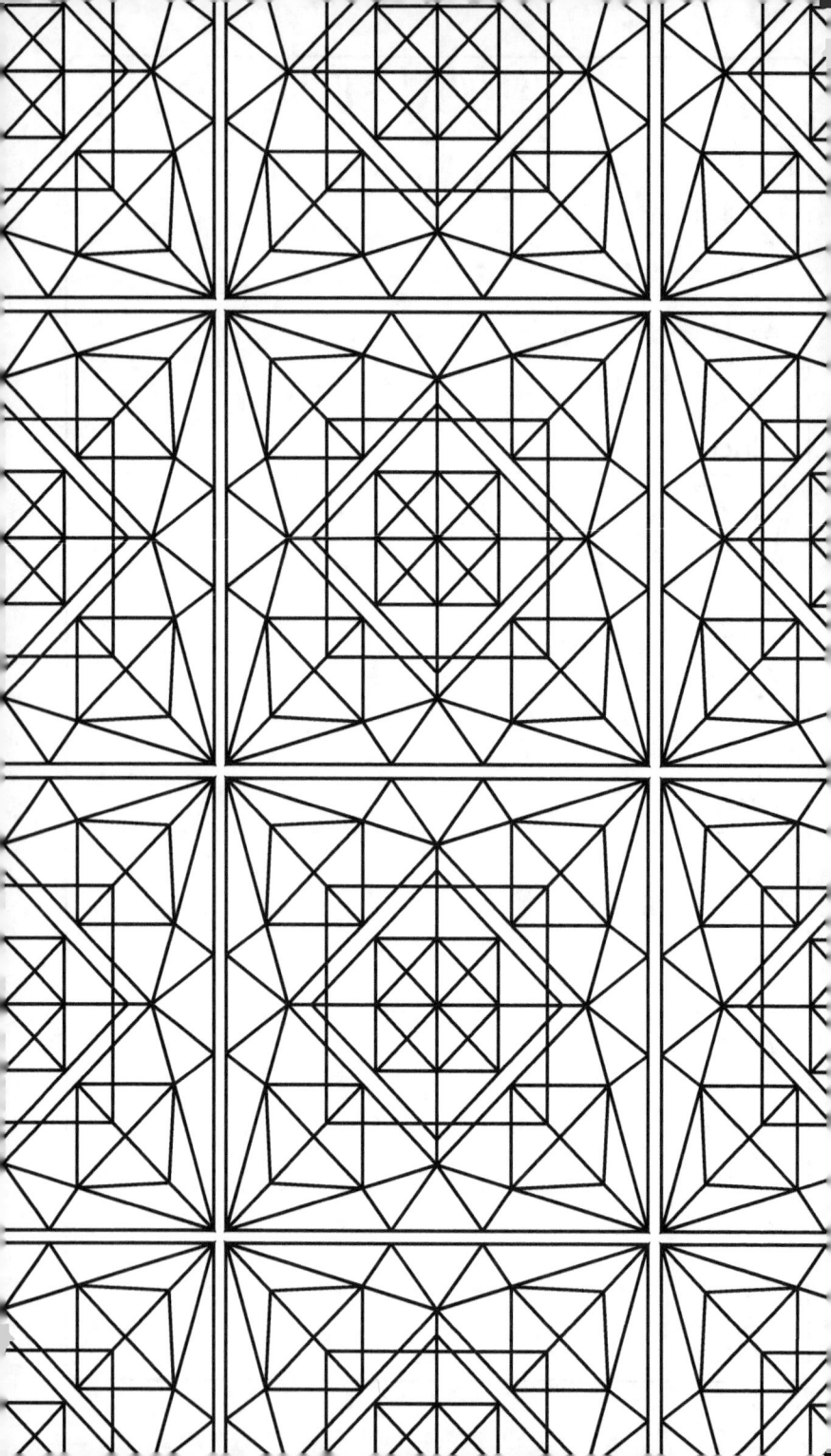

AUGUST

M
8th

T
9th

W
10th

T
11th

F
12th

S
13th

S
14th

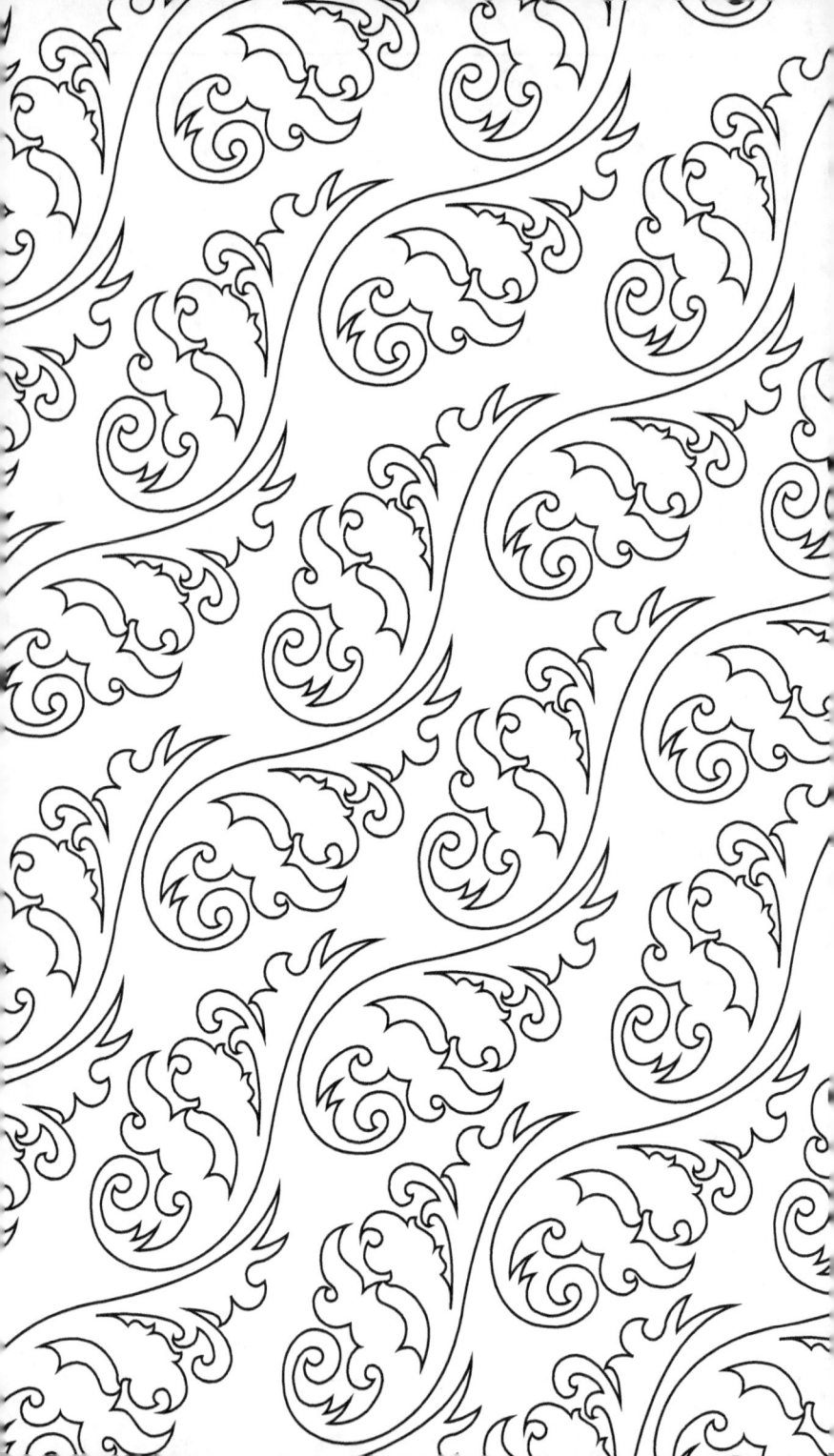

AUGUST

M
15th

T
16th

W
17th

T
18th

F
19th

S
20th

S
21st

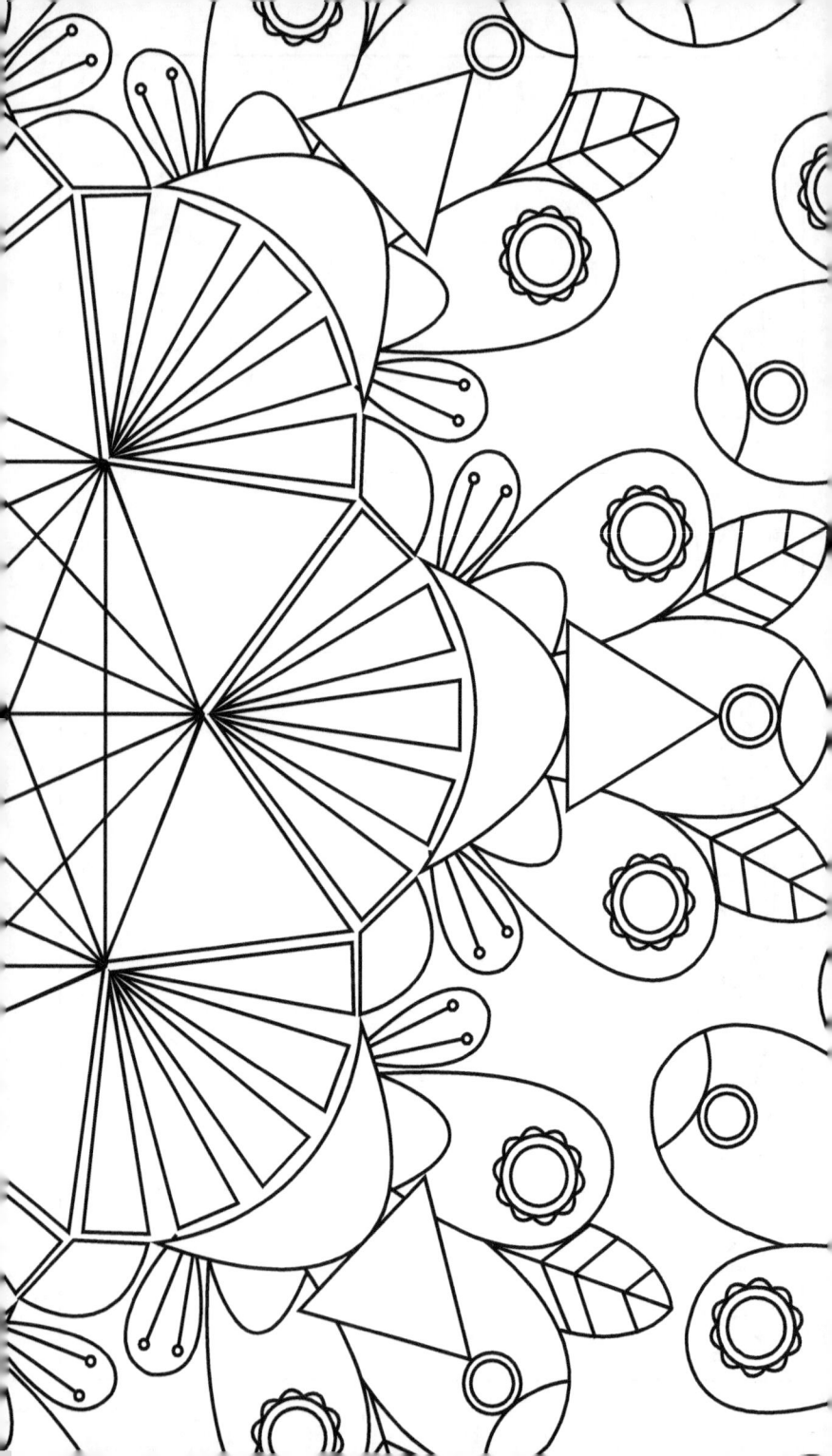

AUGUST

M
22nd

T
23rd

W
24th

T
25th

F
26th

S
27th

S
28th

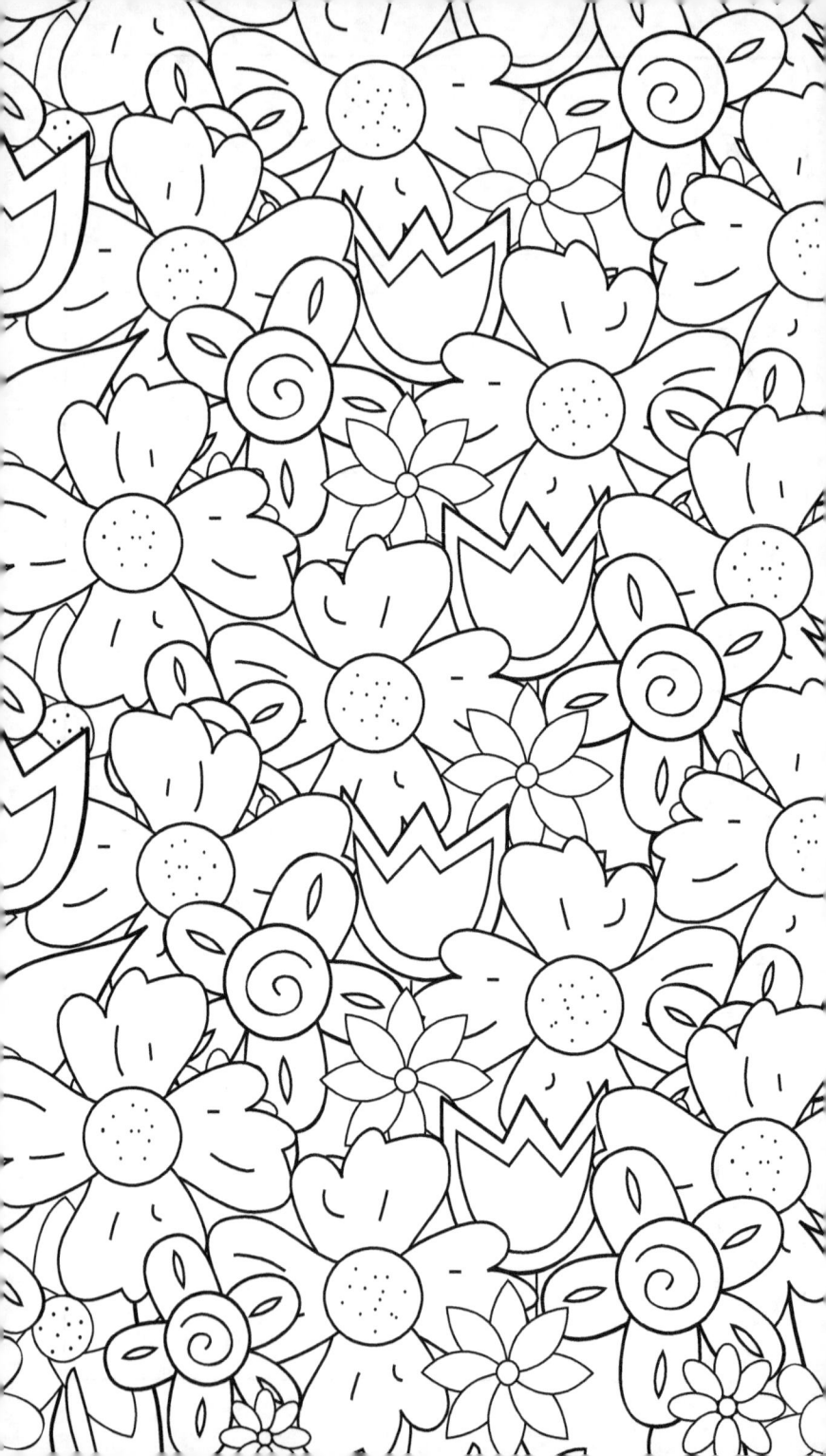

AUGUST/SEPTEMBER

M
29th
Summer Bank holiday (UK)

T
30th

W
31st

T
1st

F
2nd

S
3rd

S
4th

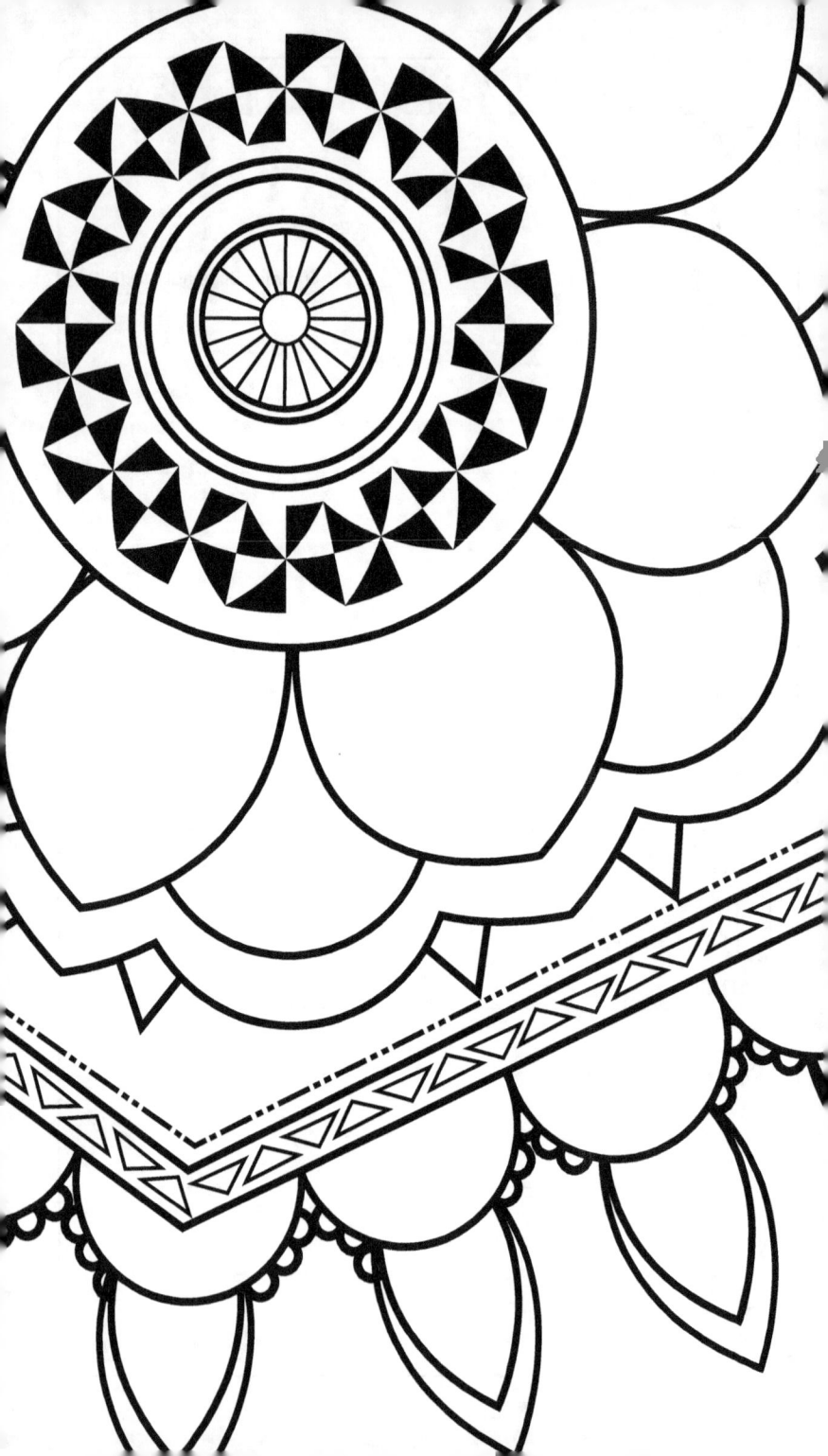

SEPTEMBER

M
5th
Labor Day (US)

T
6th

W
7th

T
8th

F
9th

S
10th

S
11th

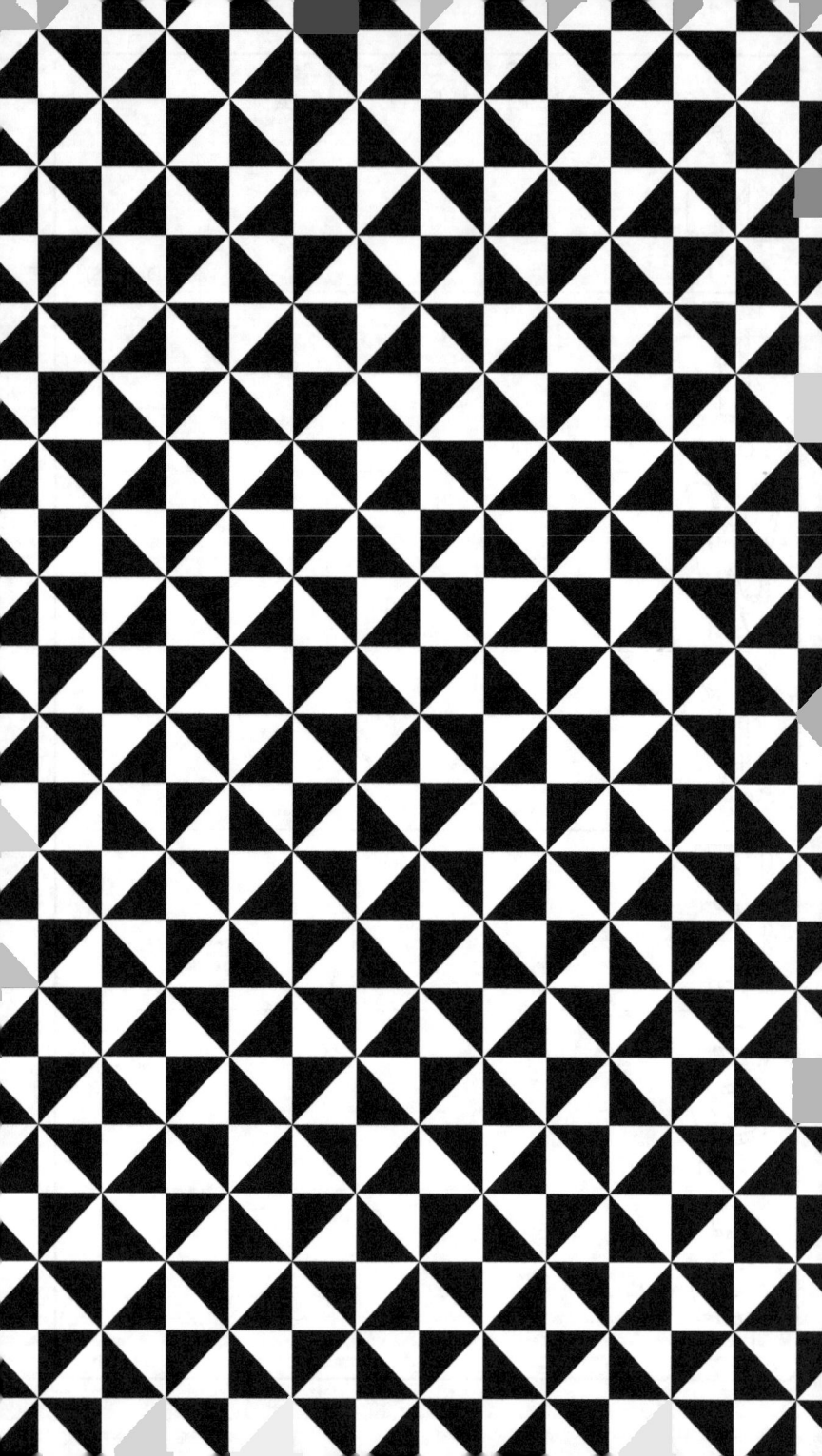

SEPTEMBER

M
12th

T
13th

W
14th

T
15th

F
16th

S
17th

S
18th

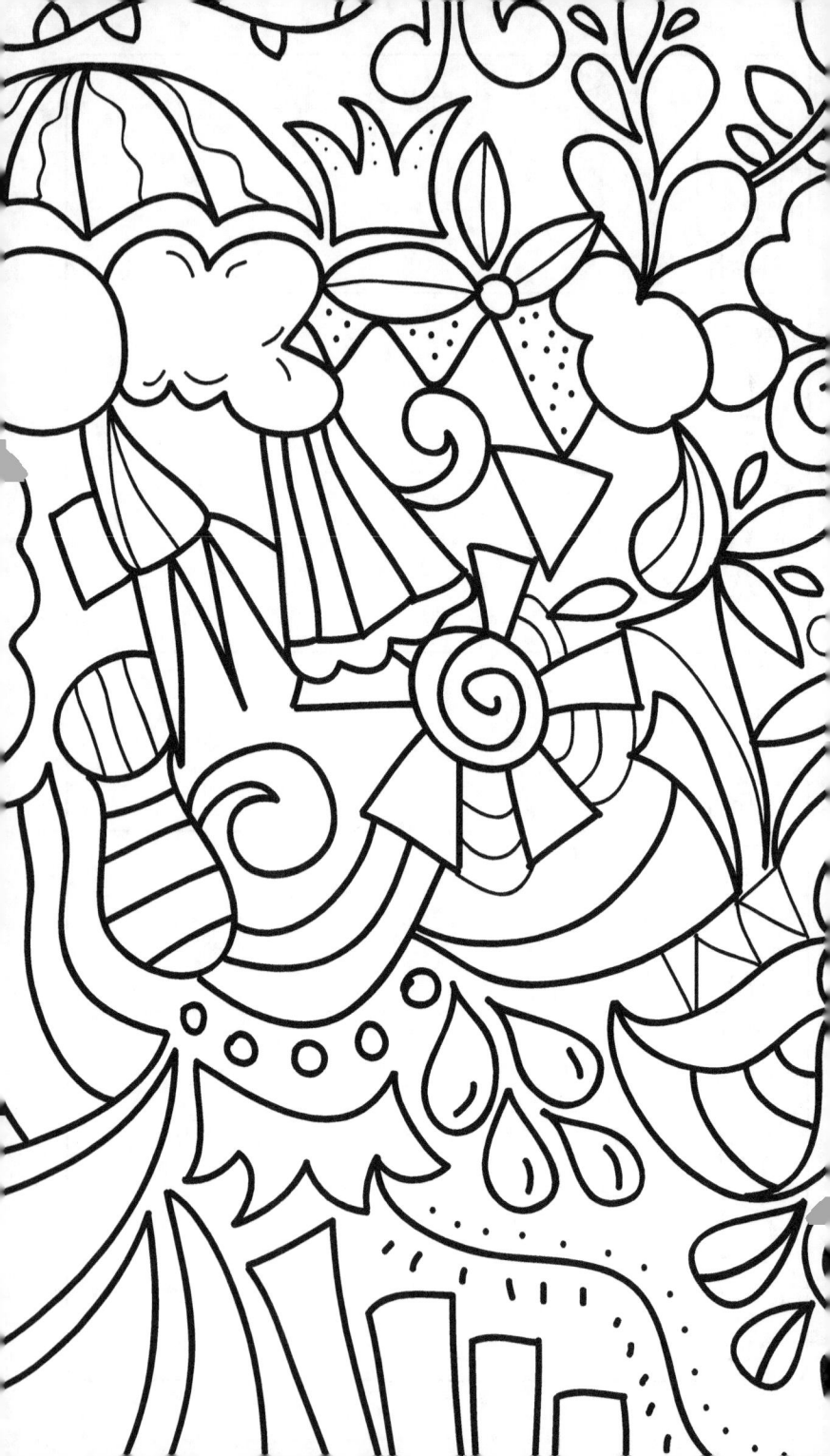

SEPTEMBER

M
19th
_____

T
20th
_____

W
21st
_____

T
22nd
_____

F
23rd
_____

S
24th
_____

S
25th

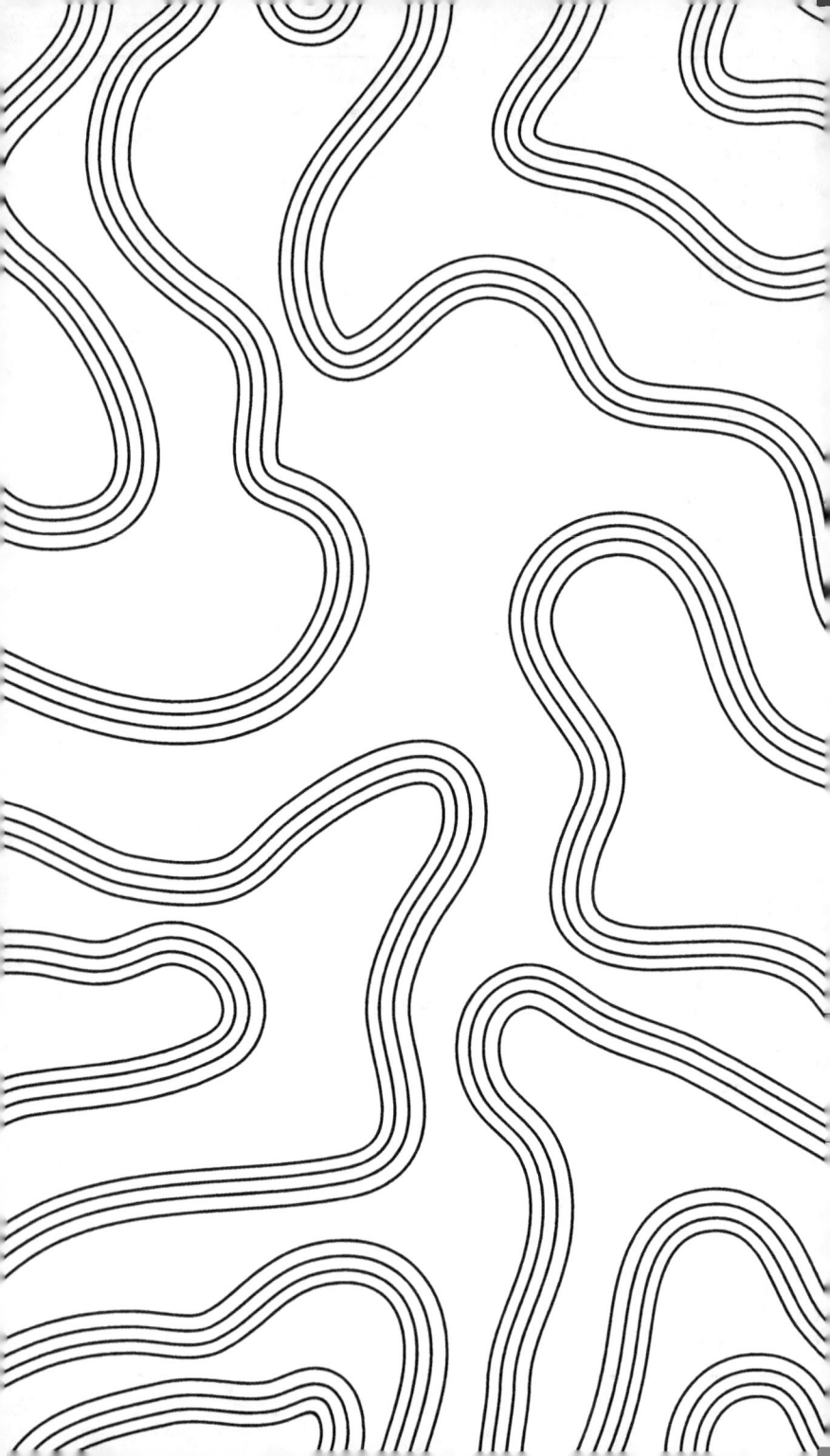

SEPTEMBER/OCTOBER

M
26th

T
27th

W
28th

T
29th

F
30th

S
1st

S
2nd

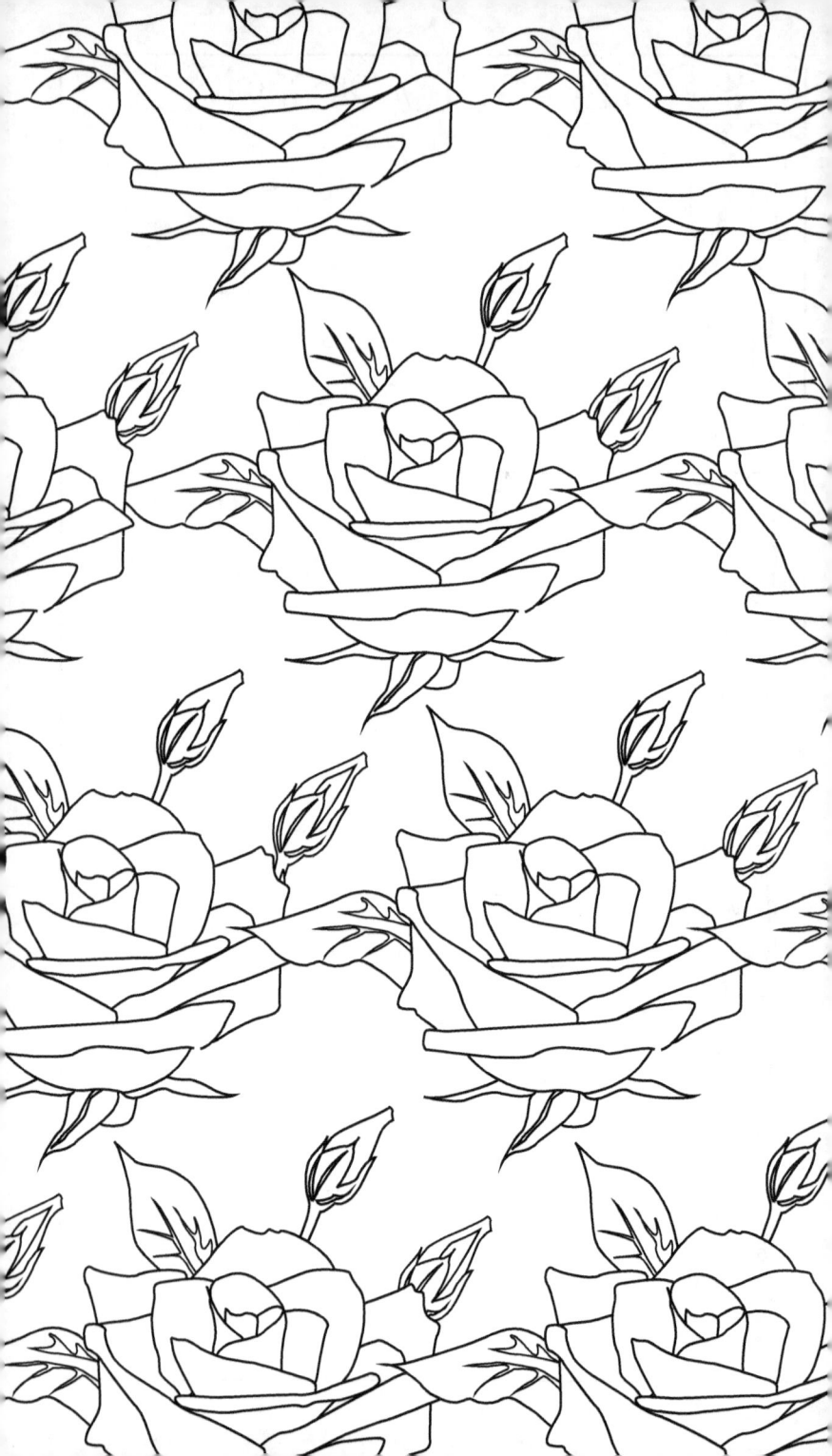

OCTOBER

M
3rd

T
4th

W
5th

T
6th

F
7th

S
8th

S
9th

OCTOBER

M
10th

T
11th

W
12th

T
13th

F
14th

S
15th

S
16th

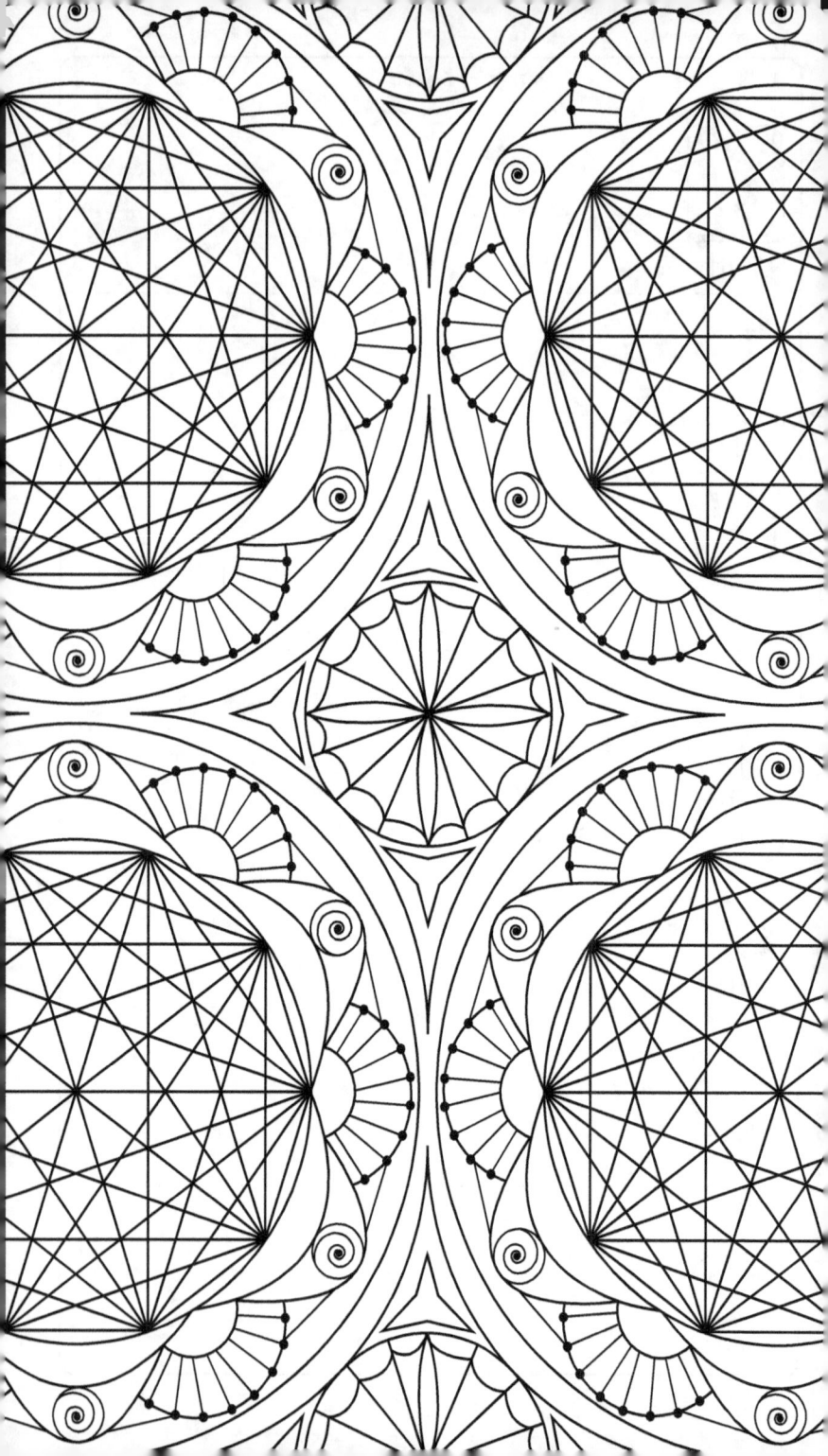

OCTOBER

M
17th

T
18th

W
19th

T
20th

F
21st

S
22nd

S
23rd

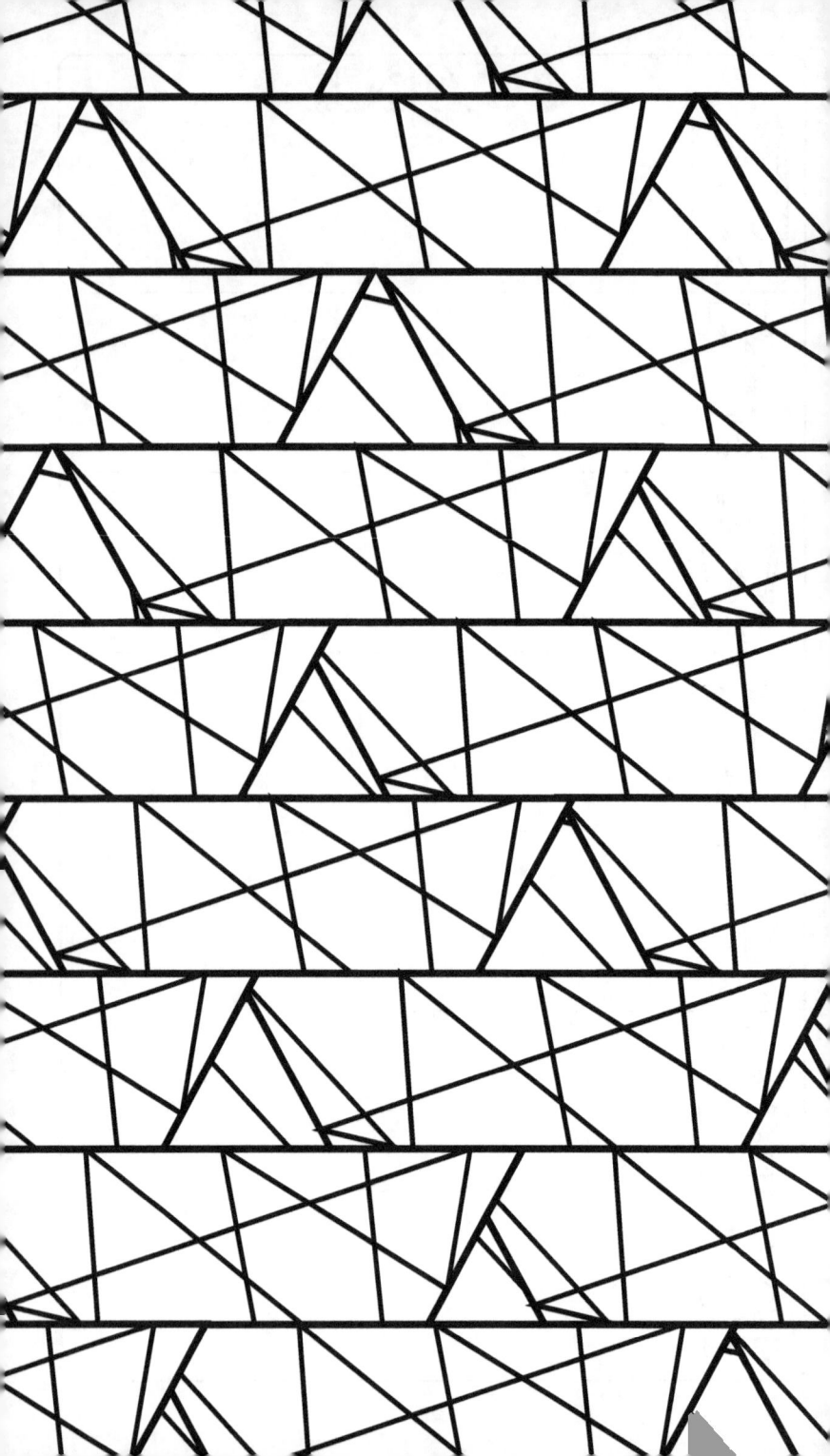

OCTOBER

M
24th

T
25th

W
26th

T
27th

F
28th

S
29th

S
30th

OCTOBER/NOVEMBER

M
31st
Halloween

T
1st

W
2nd

T
3rd

F
4th

S
5th

S
6th

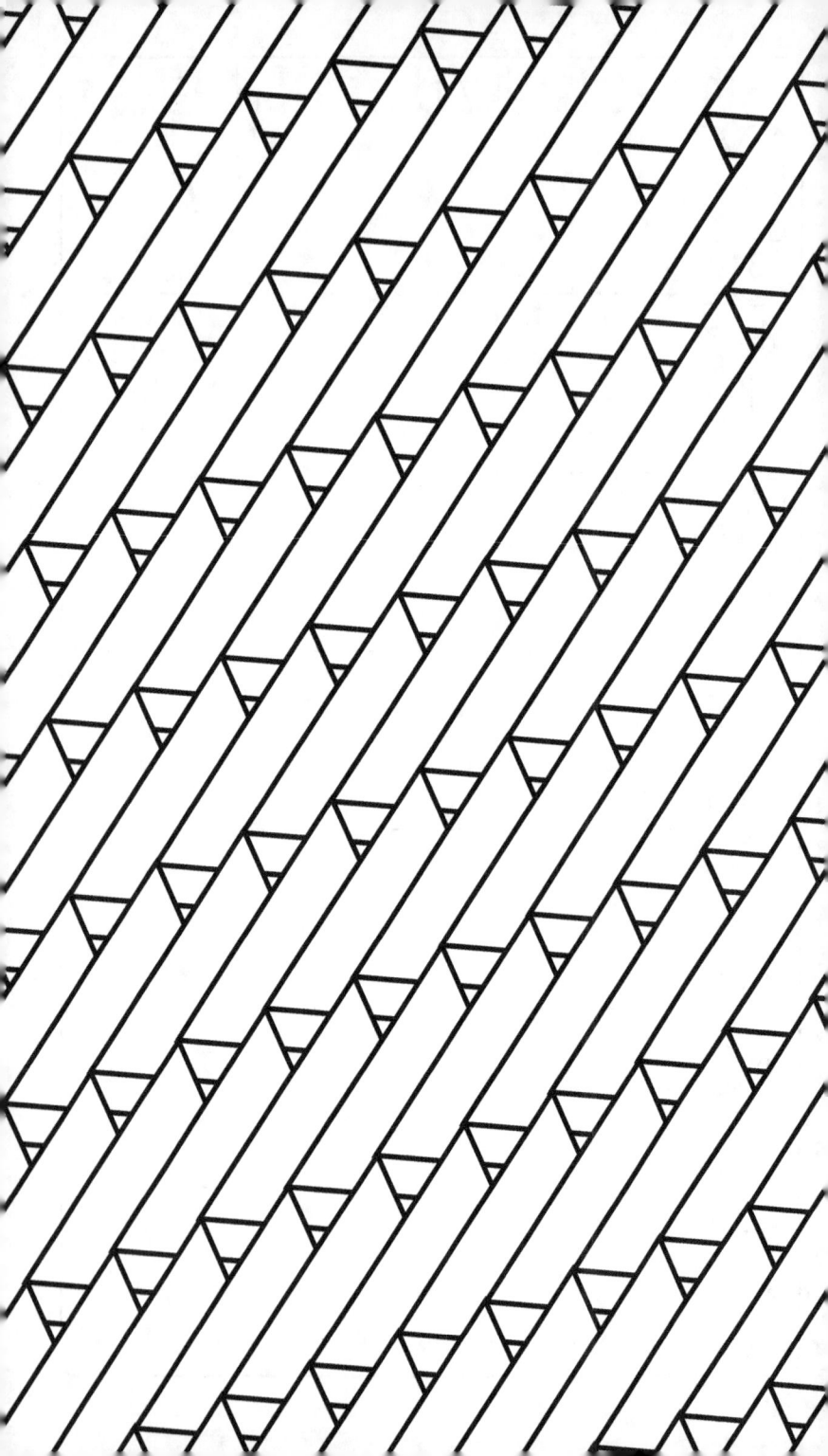

NOVEMBER

M
7th

T
8th

W
9th

T
10th

F
11th   Veterans Day (US)

S
12th

S
13th

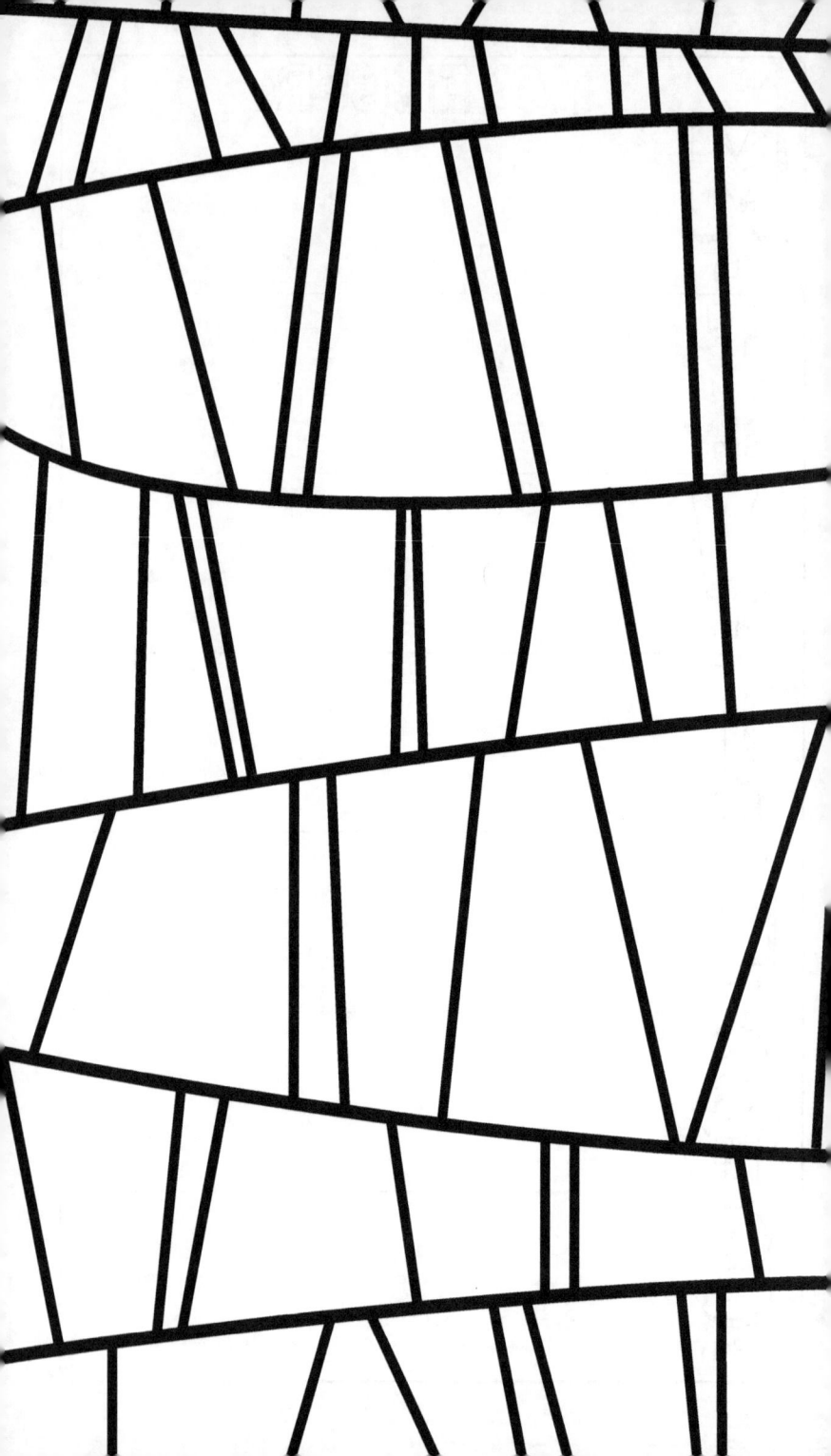

NOVEMBER

M
14th

T
15th

W
16th

T
17th

F
18th

S
19th

S
20th

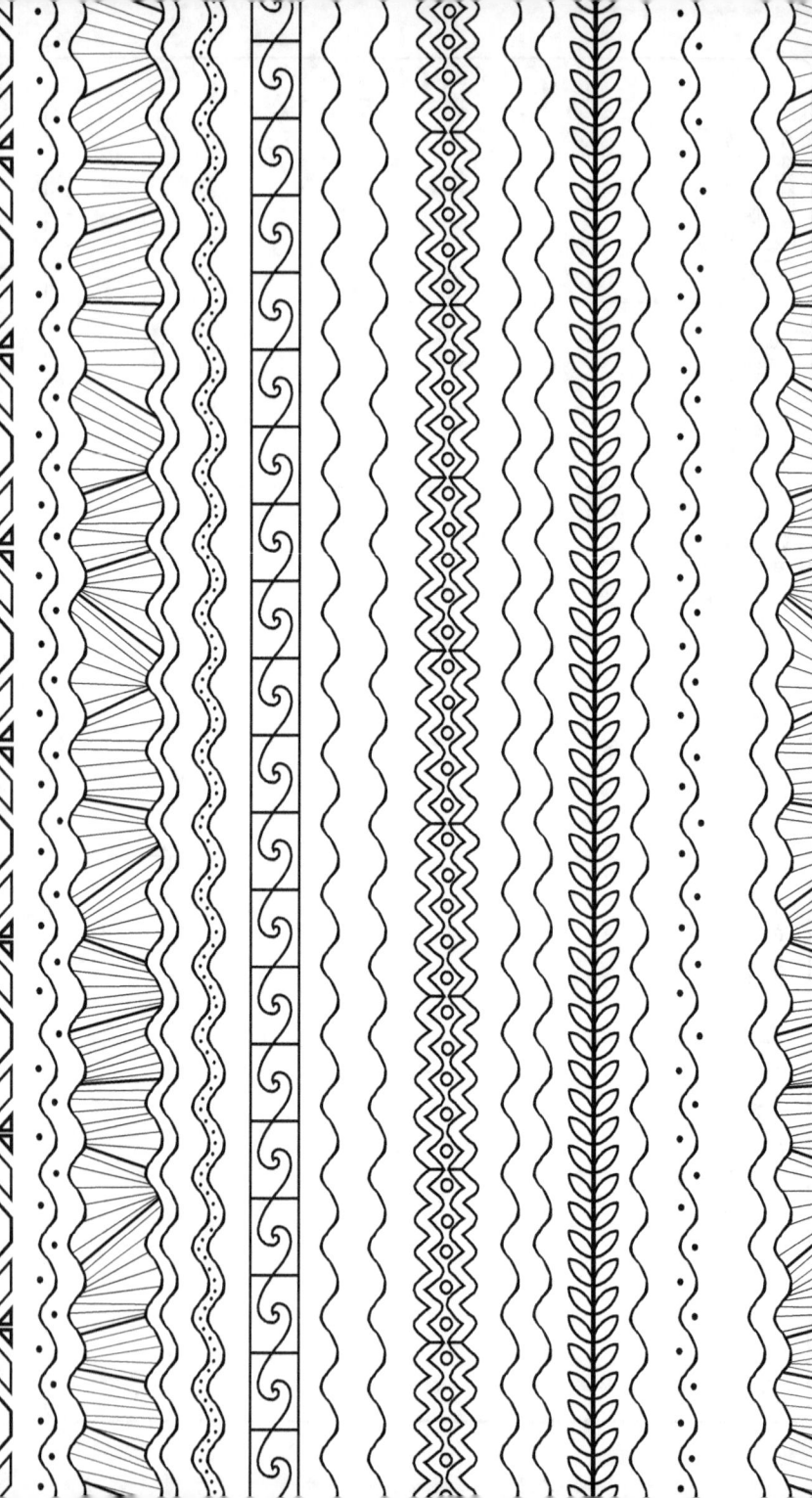

NOVEMBER

M
21st

T
22nd

W
23rd

T
24th   Thanksgiving Day (US)

F
25th

S
26th

S
27th

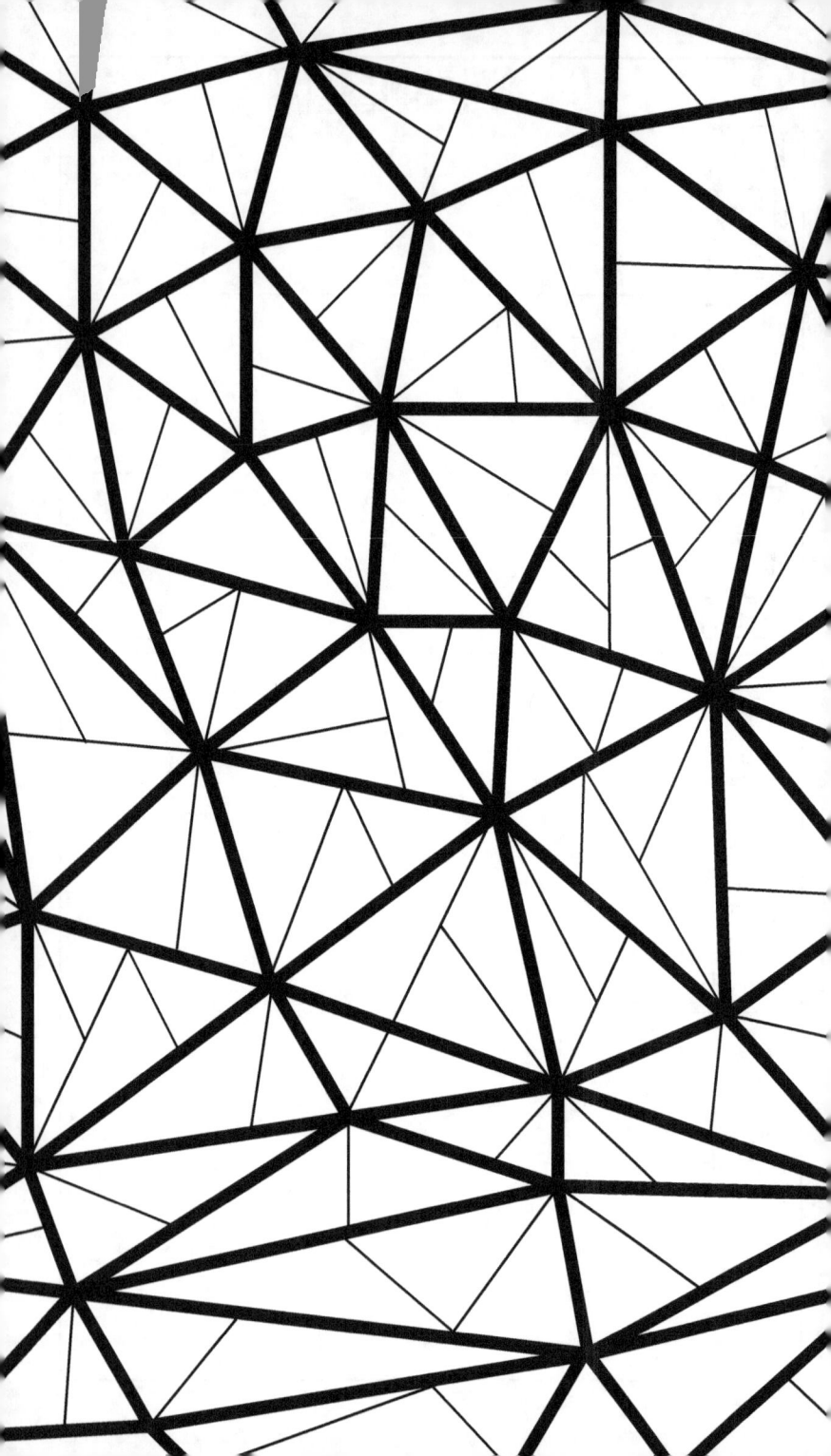

NOVEMBER/DECEMBER

M
28th

T
29th

W
30th
St. Andrew's Day

T
1st

F
2nd

S
3rd

S
4th

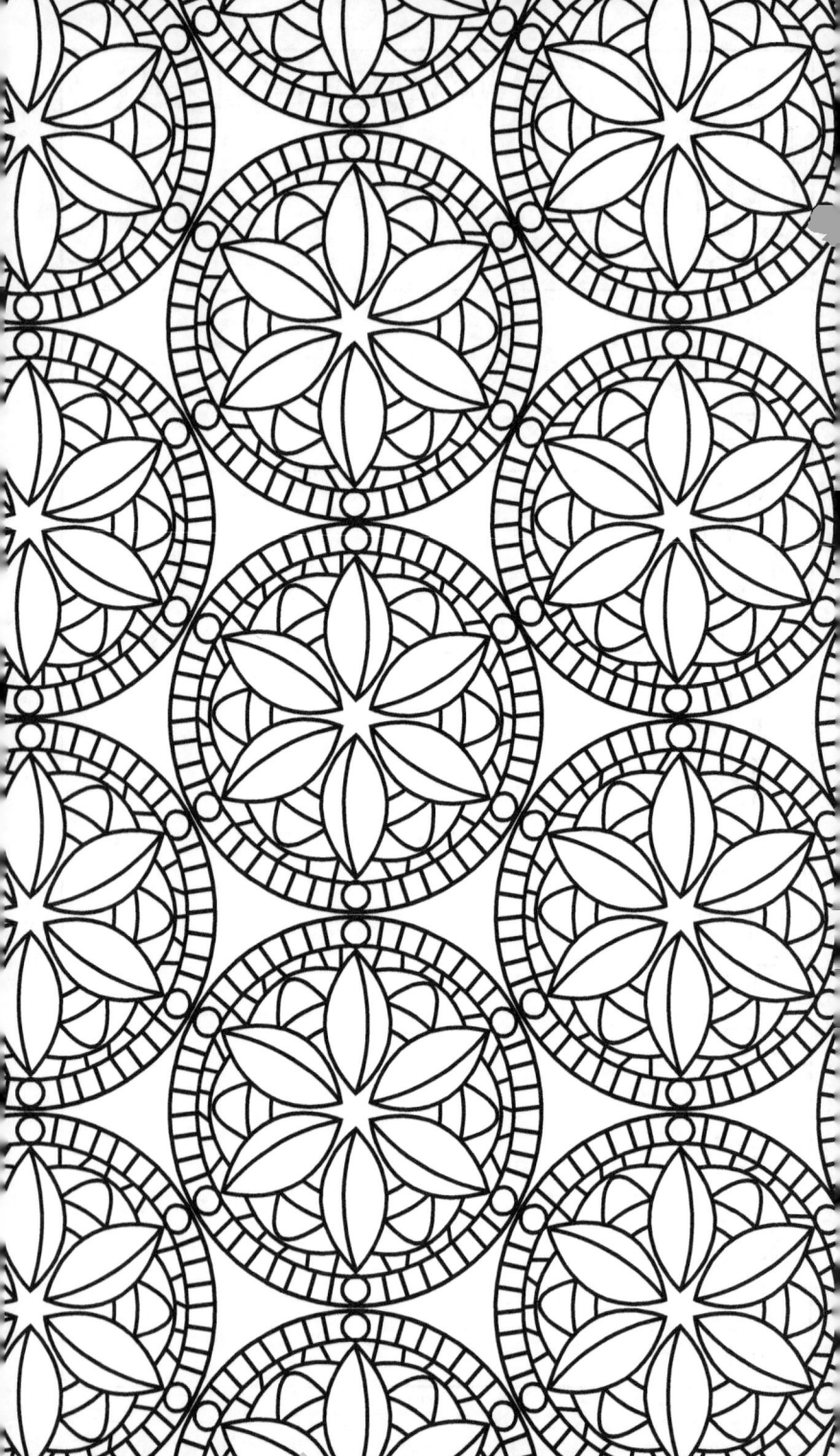

DECEMBER

M
5th

T
6th

W
7th

T
8th

F
9th

S
10th

S
11th

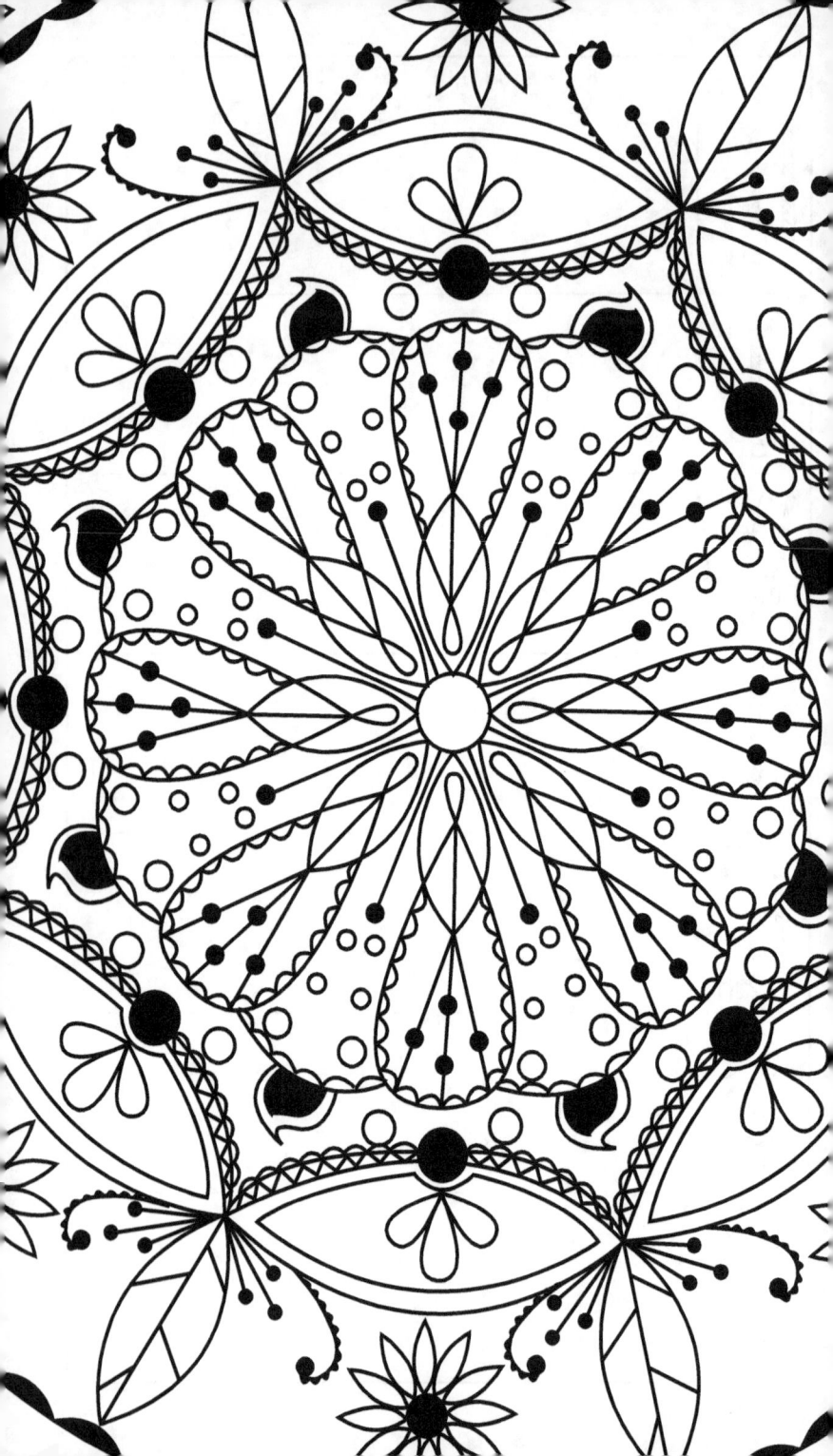

DECEMBER

M
12th

T
13th

W
14th

T
15th

F
16th

S
17th

S
18th

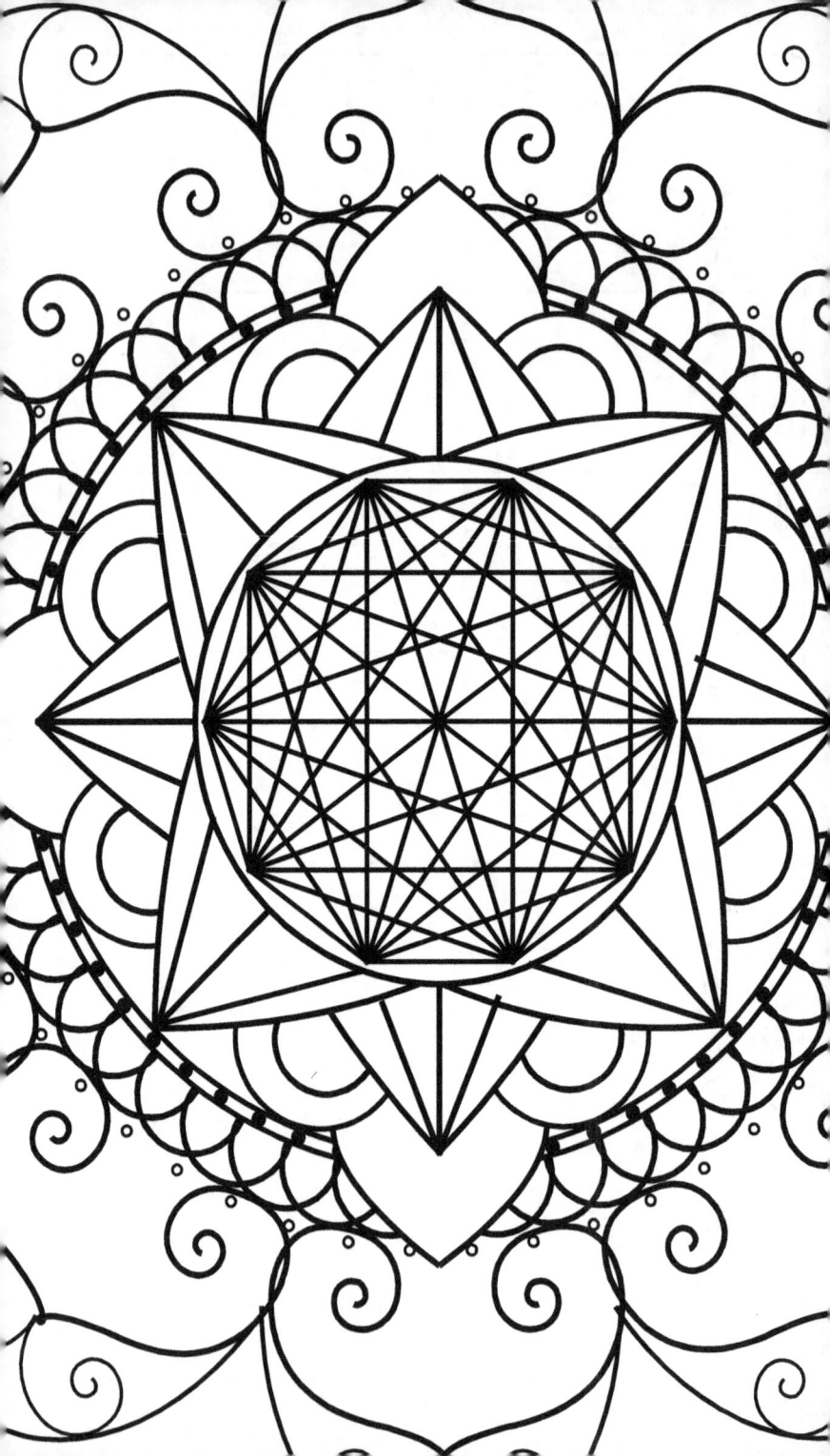

DECEMBER

M
19th

T
20th

W
21st

T
22nd

F
23rd

S
24th

S
25th
Christmas Day

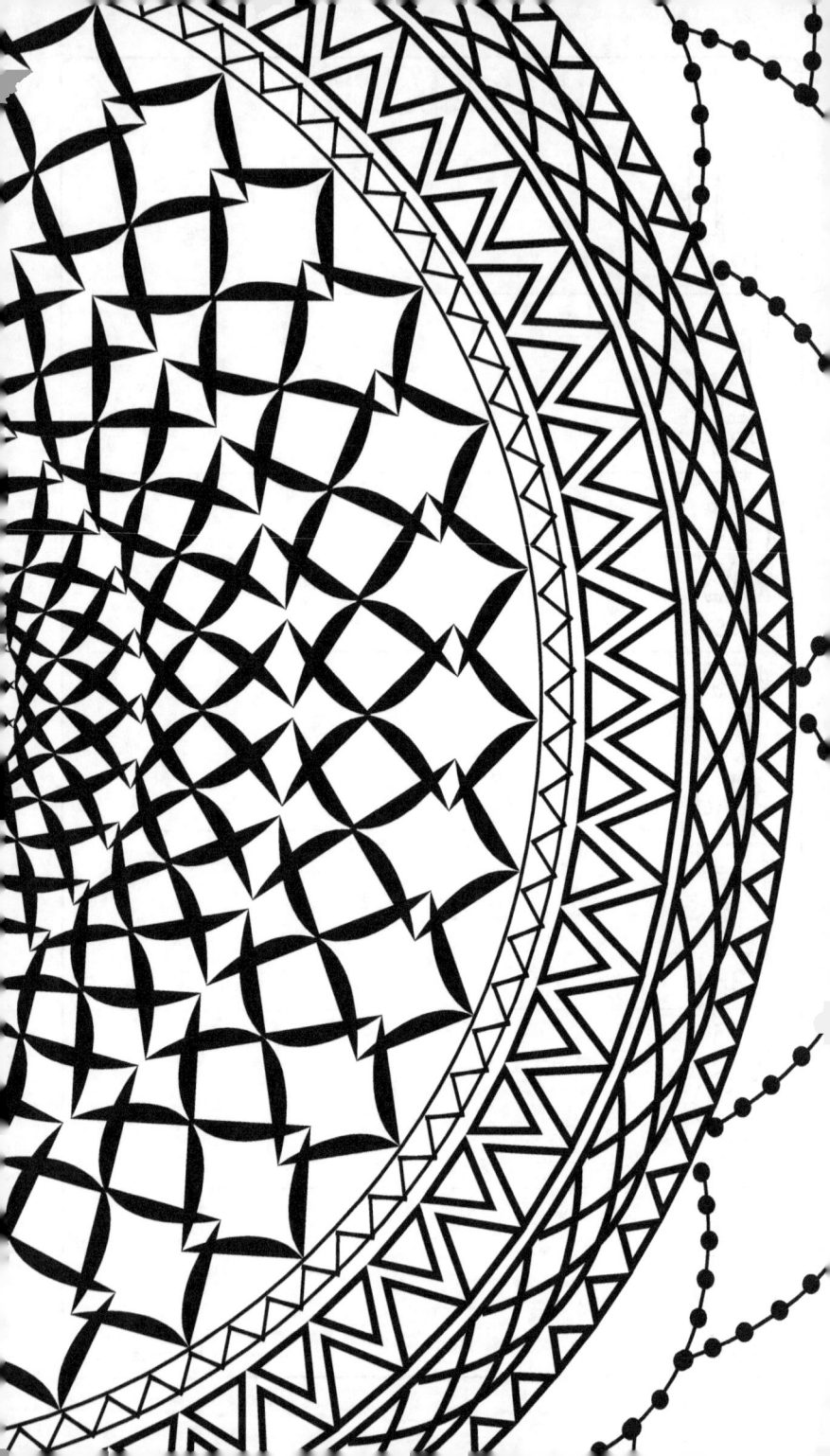

DECEMBER/JANUARY

M
26th
Boxing Day Bank holiday (UK & US)

T
27th
Bank holiday (UK)

W
28th

T
29th

F
30th

S
31st
New Year's Eve

S
1st
New Year's Day

www.ingramcontent.com/pod-product-compliance
Lightning Source LLC
Chambersburg PA
CBHW070821180526
45168CB00002B/703